JN033131

東海林さだお

丼《どんぶり》めしの丸かじり

うなぎのいらない
うな丼のたれ
温かい白飯にかけるだけで
いつものご飯がうな丼風に。
今日からは毎日丑の日!
20g×2袋
※うなぎは入っておりません
※写真はイメージです
KALDI
註(傍点筆者)

朝日新聞出版

丼めしの丸かじり＊目次

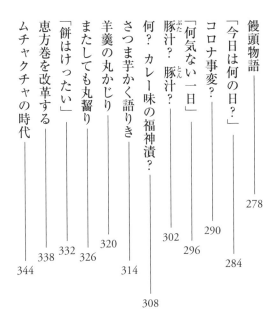

装丁　加藤光太郎

丼《どんぶり》めしの丸かじり

◉タコ焼きの謎（真実一路篇）

真理は平凡な事実にひそんでいる場合が多い。

リンゴが木から落ちるのを見て、ニュートンは「万有引力の法則」を発見した。

つい最近、ぼくは焼き立てアツアツのタコ焼き1個を頬張って七転八倒、塗炭の苦しみの末「タコ焼き2個いっぺんは無理の法則」を発見した。

1個だけでこれほど苦しむのだから「2個いっぺん」は絶対に無理、全人類が無理、ありえない、となればこれはもう立派な法則。

だがこの法則は「万有引力の法則」に比べてあまりに小規模な法則なので世界的に認められないであろうことが残念でならない。

万有引力vsタコ焼き。

勝負にならない。

タコ焼きの地位があまりに低い。

だが、ここで引っこんでいるわけにはいかない。

タコ焼きの地位さえ上がれば、今後「万有引力」と並ぶ大発見になる可能性がある。

まず「事実」からいこう。

あなたの人生で、焼き立てアツアツのタコ焼きを2個いっぺんに頬張っている人を見たことがあるか？

（そういえばただの一度もないナ）

これだけでもう新発見です。

21世紀の今日まで誰一人として気がつかなかった事実。

次の新事実。

あなたのこれまでの人生で「丸くないタコ焼き」を見たことがあるか。

ありませんね。念を押し

ておきますよ。

たとえば四角いタコ焼き。楕円形のタコ焼き。平べったいタコ焼き。

ここで新しいテーゼが発生します。

タコ焼きはなぜ丸いのか。

しかもまんマル、純正の、どこもかしこも歪《ゆが》んだところのない、どこもかしこもツルツルのまんマル。

あんなタコ焼きが、あんなにどうでもいい食べ物としてのタコ焼きを、なぜあんなに熱心に、丁寧に、念入りにまんマルにしようとするのか。

食べる方《ほう》はそんなことはどうだっていいのだ。

多少歪んでいようが、多少表面がデコボコだろうが、そんなことを気にする人なんか一人もいない。

タコ焼き屋で自分が注文したタコ焼きが出来上がってタコ焼き屋のニイチャンから手渡されるとき、それをじっと見つめて出来上がりのよしあしを確かめる人はいるでしょうか。

無駄じゃないですか、あんなに精魂込めて焼き上げたことが。

誰もがいち早くヨージを手に取り、いち早くそれを突き刺し、いち早く大口を開けてタコ焼きと上顎《あご》との接触を最小限にしようということに必死で、そのタコ焼きが純正のまんマルだったかどうかなんてことは頭の隅にもない。

ホーラ、無駄だったじゃないですか。

その事実は製作者としてのタコ焼き屋のニイチャンだって知っている。長年やっているんだから誰だって気がつく。

製作中のカレを見ていると誰もが気がつく事実がある。

カレはいつのまにか没頭している。

タコ焼きを焼き始めるといっときも、目を離さず、突《つつ》き、転がし、引っくり返し、ときには宥《なだ》め、揺り動かし、励まし、これから向かうべき進路を教え諭《さと》す。

このときのカレの心情を推察してみる。

誠意、ではなさそう。

奉仕、でもなさそう。

向上心、でもなさそうだ。

では何がカレをいま突き動かしているのか。

多分、社会心理学者でも容易には説明できないはず。

それほどこの「タコ焼き屋のニイチャンの没我」は複雑なのだ。

ということは、タコ焼き自体にニイチャンを引きつける魔力がある、ということにならざるをえない。

そして、そのニイチャンの没我の行動もまた我々を引きつけてやまない。

見ていて楽しい。

パフォーマンスとして楽しめる。

それもこれも、これまで述べてきた全事実が、結局はタコ焼き自体の魅力ということになる。

ウン、タコ焼きの地位が少しずつ上がってきているような気がする。

勤労とは何か。

人間は何のために働くのか。

ここで当然、マルクス氏の登場が必要になってくる。

くわしいことはわからないが、多分、マルクス氏は勤労について何か言っていたはず。

最初にニュートンが出てきた。

そしてここでマルクスも出てきた。

タコ焼きを語るに世界の大物がついに登場してきたのだ。

いつのまにか世界の大物と交《つ》きあうようになっていたのだ。

そして日本の食文化としてのタコ焼き。

なぜタコ焼きは日本人にこんなに人気があるのか。

日本人はなぜタコ焼きを好むのか。

ここから「日本人とは何か」という問題が提起されてくる。

日本人はどこからやってきてどこに行こうとしているのか。

どこに行くにしても、日本人はタコ焼きと行動を共にする。

「ｗｉｔｈ　タコ焼き」

これまで日本人論を多くの人が語ってきた。

当然その中にタコ焼きが言及されなければならないのに、これまでタコ焼きについて触れた日本人論はない。

折口信夫も和辻哲郎もタコ焼きについては言及を避けている。

ここにもタコ焼きの謎がひそんでいる、と言わざるをえない。

◉タコ焼き（人情篇）

前回の（真実一路篇）ではタコ焼きを学術の面から取り上げてみた。

今回は人情の面から取り上げたので（人情篇）とした。

松竹の寅さん映画には「望郷篇」とか「立志篇」とか「純情篇」とかがあるのでその例に倣ったのである。

寅さん映画には必ずといっていいほどタコ社長が出てくる。

タコ焼き、タコ社長、寅さん……そっち方面の縁続き、と考えてもらってもいっこうに構いません。

人間とタコは人情で結ばれている。

こういう食べ物はめったにない。

人情、ですよ。

人と人との関《かか》わり、ですよ。

人間とタコの関わり合いは、すでにして人情とは言えないじゃないですか。

人間てェものは
不思議なもので
ひとたびヨージを
コラ手に
持ちます
てェと
どうしても
コラ、タコ焼きを
突きさしたく
なるもんで
ございまして…

だが筆者はきっぱり言う。人間とタコは人情で結ばれている。

実例はいくらでも挙げることができる。

「そう言われて気がついたのだが、ずーっと昔、近所にタコの一家が住んでいて近所付き合いをしていたような気がする」

寅さん映画の影響があるかもしれないが、そう証言する人は多い。

「そう言えば、きのうの宴会で、酔って頭にハチ巻きをしてタコ踊りをしていた人の中に、一人本物のタコがいたような気がする」

と証言する人も多い。

あなただって急に誰かに、

「おたく、タコに親戚がいるでしょ」

と言われたら、

(もしかすると遠いどこかに親戚がいるかもしれない)

と腕組みして考えこみ、

「待てよ」

と、急に思いあたったように腕をほどいたあと、

「やっぱりいないな」

と呟くことになる。

ことほど左様にタコと人間の間には人情が介在しているのです。

この〝タコと人間の間の人間関係〟はタコ焼きを食べているときにも発露される。

本来、食事というものは厳粛に行われることが基本になっている。

ごく普通の家でも、食べ始める前に「いただきます」と声に出して言う。言ったあと両手を合わせて拝む人もいる。

キリスト教関係の幼稚園だと「天にましますます神様」に、感謝の言葉を長々と述べてから食事が

開始される。

食事と厳粛は切っても切れない関係にある。

実際のあなたはどうでしょうか。

いま、まさにタコ焼きを食べようとしているあなたの気持ちはどうでしょうか。

右手にヨージを持ってますね。

このまん中んところに
タコが隠れてると思う
と
なんだかイジメテ
やりたくなる

すでに厳粛が失われています。

本来は箸です。正しい食事は箸。

なのに何ですか、ヨージなんて。すでに気持ちが遊び半分。

一個突き刺して「アフアフ」なんて言いながら口に入れました。これから噛みます、アゴを突き出してアファフとか言いながら。

タコ焼きをこれから噛んでいくぞ、というとき、何だか楽しい気持ちになりませんか。

ただの肉のカタマリを噛んでいくぞ、というときの気持ちのタカマリと、これからタコ焼きを噛んでいくぞ、というときの気持ちのカタマリ、じゃなかったタカマリとでは全然違う。

言い知れぬ期待感がある。

この期待感は「まもなくタコに会える」というヨロコビのココロなのだ。

いま噛んでいるもののまん中のとこにタコが潜んでいて、もうすぐそいつに会える、会ったら噛みしめてやるからな、待ってろよ、という気持ち、向こうは向こうで「ウン、待ってるヨ」との返事、そうしてこの事実で大切なことは「タコが本心から待っている」ということ。

そういうヨロコビの心で噛み進んでいくと、果たしてタコは潜んでいた、潜んで待っていてくれたのだ。その瞬間の二人のヨロコビ、嬉しさにははかりしれないものがある。

いまは こうして 隠れてるけど もうすぐ見つかっちゃうんだ
タノシー!

そのヨロコビの途次を本人である当人のあなたもその祝い事に参加してヨロコビを分かち合うという、タコ焼きなんぞという安物の食べ物に似つかわしくない壮大な祝祭が執り行われることになる。

タコには生まれつき愛嬌がある。

イカと比べてみるとよくわかるが、イカには愛嬌がない。真面目一方。

酔わせてハチ巻きをさせて〝イカ踊り〟をさせても多分面白

くないと思う。

そこへいくとタコはハチ巻きをさせても似合うし、手に日の丸の扇子を持たせても上手に扱う。

多分、当人はハチ巻きなんかしたくもないだろうし扇子も好きじゃないと思う。

すべて人間側の思いこみである。

人間は何とかしてタコとお友達になりたいのだ。

お友達になって遊びたいのだ。

タコと〝ごっこ〟をしたいのだ。

人間は寂しいのだ。

人間同士だけではつまらないのだ。

それだものだからタコ焼きなんてものを考え出したのだ。

とりあえずタコ焼きでタコと遊んでもらう。

丸いお団子を作ってその中にタコ君を潜ませる、というか隠れてもらう。隠れてもらって、「いた！」とか言って喜び、「見つかっちゃった」と言ってタコが出てくる。

タコ焼きは「ヒトとタコとの隠れんぼ」。

◉タコ焼き（望郷篇）

すみません。

止まらなくなっちゃいました。

またタコ焼きの話です。

題して「タコ焼き望郷篇」。

タコ焼きのシリーズはこれで最後なのでカンベンしてやってください。

このことをどうしても書きたかったのです。

このこととというのは「タコ焼きの中身はどうしてもタコじゃないとダメなのか、イカじゃダメなのか」ということです。

イカでもよかったわけですよね、タコ焼きの中心部は。

というか、タコよりイカのほうが自然ですよね、事の成りゆきとしては。

われわれのふだんの食生活ではタコよりイカのほうが登場回数は圧倒的に多い。

イカゲソ、イカ天、イカの丸煮、夜店のイカ焼き、リング揚げ……。

それに比べてタコのほうは、タコブツ……エート、それから……と早くも行き詰まる。

なのに強引にタコ、無理矢理タコ、不自然を承知でタコ。

もし、万が一、タコ焼きのそもそもの始まりがイカだったら、タコ焼きがイカでスタートしていたとしたら……。

試してみることにしました。

「タコ焼きの中心部がイカのタコ焼き」

これは意外に大作業にな

る。

まずイカ。

これはイカを買ってきて茹でればよいとして、あと、コロモとしての小麦粉、青海苔、天かす、ネギ、紅生姜、カツブシも買ってこなければならない。だが、われに妙案あり。「冷凍のタコ焼き」という手があった。

これを買ってきてレンジでチンして軟らかくして中からタコを取り出してイカに入れ替える。

どうです、超簡単。

ただ問題が一つあった。

タコにしてみれば、これまでタコ焼きのコロモの部分は安住の地であった。

一戸建て。そこにヌクヌクと暮らしていたら急に出て行ってくれと言われる。

言うほうの大家（ぼく）だってつらい。

本来ならば、ここで立ち退き料の話が出てくるのであるが、タコはエラかった。そんなことは一言も言わず黙って出て行ってくれたのである。

ここにぼくはタコの人徳（タコ徳）を見る。昔からタコは「人がいい」と言われているがそのとおりだった。

タコが出て行った穴に茹でたイカの小片（胴体）を入居させる。

では嚙んでみます。

タコ焼きは少しずつ噛んでいくとやがて歯がタコの部分に突き当たる。

その瞬間「居た！」と嬉しい。

イカだとその「居た！」がない。「居た感」がないのだ。

タコの場合は歯がタコに突き当たったとき「ウェルカム！」と言ってくれるのだが、イカの場合は「ウェルカム！」がない。

黙っている、というか、知らん顔をしている、というか、どこか官僚的な冷たさを感じる。

この違いはどこからくるのか。

弾力です。

タコには歯を押し返してくる弾《はず》むような弾力があるがイカにはそれがない。

ただ平べったく展開しているだけで押し返してこない。

押し返す＝ウェルカム、だったのです。

押し返してくるところに厚情を感じていたのです。

押し返してこない＝無視＝冷遇、だったのです。

人間は握手ということをする。

そのとき、強く握ってくれる人と、形式だけで握り返さない人がいる。

それと同じことがタコと人間の交流の中にもあったのです。

タコは強く握り返してくれた。

イカは形だけだった。

タコは人情味のある奴だった。

イカは官僚だった。

歯の立場で考えてみる。

歯は「ヤワラカーイ」を好む。

食べタレのほとんどが、口に入れた食べ物の賛意として、まず「ヤワラカーイ」を発する。

そしてもう一つ、まだ流行はしてないが今後必ず流行《はや》る言葉として「ハズムー」を挙げておきたい。

「ハズムー」は「弾むー」であり「口の中で弾むー」の意である。

口の中で食べ物が弾むと心も弾む。

人間は食べ物に限らず本能的に弾むものを好む。

ゴムマリを手にすると思わず揉む。

揉んだあと押し返してくるのを楽しむ。

ネコの肉球も好む。

ネコファンにはたまらない魅力である。

ネコの肉球を見るとどうしても指先で押してみたくなる。

押さないではいられなくなる。

そこで押してみる。

すると、プニプニというか、ムニムニというか、そういう反応と共に押し返してくる。

押し返してくるところに愛情を感じていっそうネコがいとおしくなる。

結論を急ごう。

やはりイカではダメだったのだ。

タコ焼きの中身はタコでなければならなかったのだ。

タコ焼きのあそこんところに潜んでじっと待っていて、われわれの歯が到達したとたん、わざと大げさにパッと姿を現して、

「居たー！」

と思わせる。すなわちタコ焼きは〝ごっこ〟だったのだ。

鬼ごっことか電車ごっこのごっこ。

つまり〝タコ焼きごっこ〟。ごっことくれば、これはもうタコの独擅場。

イカの出てくる余地はない。

◉猫式

猫は水を飲むとき舌先を水につけてピチャピチャという音をたてながら飲む。しきりに舌を出し入れしている。

あの方式で水はちゃんと口の中に入ってくるのだろうか、と、いつも心配しているのだが……。

猫の舌の総面積を考えてみよう。どう見ても2平方センチあるかどうか。

カップのアイスクリームを買うとプラスチックの小さなスプーンが付いてくるが、あれで水をすくって飲んでいることになる。

あのスプーン一回でどのぐらいの量の水がすくえるものなのか。

ウチでも猫（雌）を飼っているので観察してみることにした。

前の号が毎年恒例の「猫特集号」で、ぼくも猫をテーマにして書きたくて頑張ったのだがどうしてもアイデアが浮かばなかった。

そこでウチの猫に助けを求めたところ急に水を飲み始めた。

これを参考にしたらどうか、ということだったらしい。

一週間遅れではあるがこれで何とか猫特集に追いついた（追いついてないって）。

ウチの猫がしきりに水を飲んでいる。それを観察することによって次のような事実が判明した。

まず舌先を水につける。

そうしておいて、いきなりピチャピチャを開始する。ピチャピチャピチャピチャと合計4回。

このピチャピチャはかなりの急速度で、1回のピチャがおよそ0・5秒。

だから4《よん》ピチャで合計2秒。

4ピチャのあと0・3秒休む。

この「4ピチャ0・3秒

のワンセット」を総計10〜11セット行って猫の水飲みは終了する。

これはあくまでぼくの推測なのだが、4ピチャのあとの「0・3秒休み」は、4ピチャで口の中に溜めこんだ水をゴックンするための0・3秒なのではないか。

そう解釈すると「4ピチャ、0・3秒休みの法則」の実態がよく理解できる。

この「4ピチャの法則」でいくと10ピチャの総量はどのぐらいになるのか。

おそらく小さめのお猪口一杯分になるかどうか。

この一連の彼女の行動を観察していて思ったのは、彼女はこの飲み方をどう思っているか、ということであった。

①満足に思っている。

②改善の余地があると思っている。

③一度でいいから口一杯頬張ってノドをゴクゴク鳴らすような飲み方をしてみたい。

こう考えてみると、人間は何とまあ様々な飲み方をしていることか。

コップを使って飲む。

コップに水を入れて手に持ち、それを口の高さまで持っていってそれを少し傾斜させると水は口の中に流れ落ちる。

それをゴクゴク飲む。

ストローで吸いこむという飲み方もある。

何しろ人間は手を使えるので方法はいくらでもある。

人間以外の動物は手を使えないので口そのものを水面に近づけなければならない。

みんな手を使わないで水を飲む方法をそれぞれに工夫しているようだ。

ぼくは子供のころ自分で鶏を飼っていたのでよく知っているのだが、鶏はまず首を伸ばして水の中に嘴《くちばし》を突っ込む。

そうすると鶏の下側の嘴はV字形になっているのでVの底のところに水が溜まる。

溜まったら急いで首をまっすぐ上に向ける。

水は低きに流れる性質があるのでそのままノドを通って下に落ちる。

これを全員が一口ごとにやるので鶏舎の中は賑やかな光景になる。

キリンはどうか。

もしキリンもこれをやるとなると、何しろ一口ごとだから長くて重い首は大忙しになり、飲み終わるころにはヘトヘトに疲れるはず。

幸いなことにネットでキリンの水の飲み方を見るとそ

うではなかった。

両脚を八の字に大きく拡げて首の位置を低くして水面に口をつけてそのままゴクゴク飲んでいる。

ここでふと思いついた。

人間が他の動物同様、手を使わないで水を飲むとしたらどういうことになるのか。

たとえば猫方式。

やってみました。

大きな丼に水を入れる。

丼は手に持たずに床に置いたままにして口のほうを水に近づけていく。

あくまで猫方式。

腹這いになって丼の中の水面に口を尖《とが》らせて近づけていきついに唇が水面に達する。

そこで急いで舌を突き出す。

水面下で急いで水をすくって急いで引っこめる。

あたりまえと言えばあたりまえだが、水は一滴たりともすくえない。

一滴たりとも口の中に入ってこない。

顔全体が下を向いているし、舌はまっ平《たいら》だし、すくえるはずがないのだ。

これではいけない、と思って更に奥深く顔面全体を水の中に沈めていくと、こんどは鼻全体が水につかることになり、そうなると鼻の二つの穴から水が浸入してくることになり、咽《む》せることになり、息ができなくなり、苦しくなり、水を飲むどころではなくなって顔を上げれば顔から頭までグッショリ、セーターの胸のあたりまでビタビタ。

読者諸賢はくれぐれも真似しないように。

◉希望の星？「ぬか漬けの素」

スーパーを歩いていたら珍しいものが目に入った。

チューブの歯みがきがありますね、あれそっくり。

そっくりだが大きい。二倍ぐらい大きい。

チューブの色が糠みそ色。

何だろうと思って手に取ってみると糠みそだった。

もう一度書きます。

歯みがきのチューブの中身が糠みそ。

いいのか、そういうことで、と、誰もが思うはずだが、そんなこと言われたって、現にこうして現物を目の前にしているわけだし、しかもこうして手に持っているわけだから疑う余地はないのだ。

唖然となった。

チューブに書いてある文字を読んでみます。

「ぬか漬けの素」

〈使い方（きゅうり）〉
①きゅうり（1本）をよく洗い、両端のヘタを切り落とします。
②ラップの上にきゅうりと本品約12㎝×2本分（25g）を搾り出します。
③ラップで包み、ぬかがきゅうり全体を覆うように延ばしてください。
④冷蔵庫で一晩程度漬けたら水洗いしてお召し上がりください。
そういうことだったのだ。
抱きつき作戦だったのだ。
ここでこれまでの糠漬けの歴史をふり返ってみるこ

とにします。

ぼくらが育った昭和の時代の糠みそは専用のカメに入っていた。

その糠みその中にキュウリやナスを漬けこむ。

つまり糠みそはカメの中で待ってるわけです、キュウリやナスがやってくるのを。

だが、このチューブ方式は、こっちからキュウリやナスのほうに出かけていくことになる。

出張サービスという言葉が適切かどうかわからないがそういうことになる。

ここでキュウリやナスの立場で考えてみることにします。

昭和の時代の方式だと、キュウリもナスも事前にある程度覚悟ができてるわけです、自分はこれから糠漬けになるんだということの。

カメに入っていくときの糠みその匂いとか周りの雰囲気とかで。

だけどこの出張サービスだと、いきなり抱きつかれるわけです、キュウリやナスはボンヤリしているところを突然全身ベッタリと。

なにしろあの糠みそであるから、ぼくだったらすごく嫌だけど、そうか、まてよ、キュウリやナスは気持ちがいいのかもしれないな、いきなり全身ベッタリが「コタエラレナイ」とか言って。

この「ぬか漬けの素」の成分はどうなっているか。

〈原材料名〉いりぬか、食塩、大豆粉末、リンゴ酢、唐辛子、乳酸菌、ワインエキス……

つまりこれまで各家々で工夫して入れていたものの殆んどが入っているということになってい

て便利このうえない。

だけどこういう問題はどうなるんだろ。

みんな気がついていないと思うが、糠漬けには道徳の問題がからんでいるのだ。

「糟糠の妻」という言葉があります。

糟は酒かすで糠はぬか。

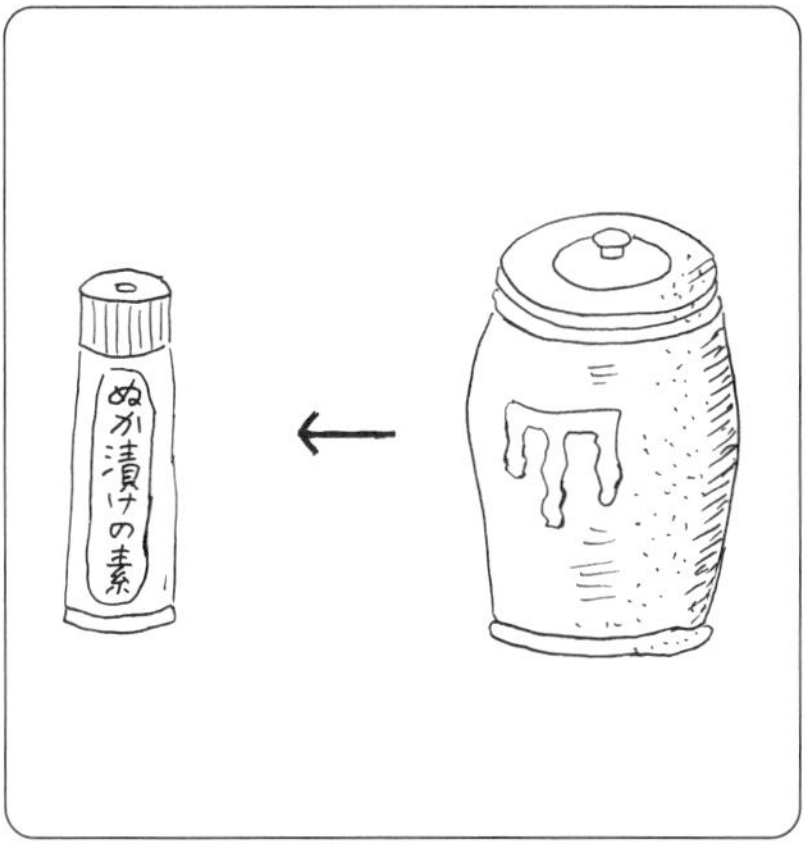

全体の意味は「貧乏なときから連れ添って苦労を共にしてきた妻は、夫が出世したからといって追い出してはならない」という教え。

ここで「ぬか漬けの素」の説明のところを思い出してください。

「一晩程度漬けたら」と、あります。

ということは「一晩で漬かる」ということを意味します。

チューブから搾り出したあとの25ｇの糠みそはどうすればよいのでしょうか。

覆水盆に返らず、搾り出した糠みそチューブに返らず。

結局捨てることになります。

「糟糠の妻」はどうなるのでしょう。

たった一晩とはいえ、その一晩は楽しい一晩であったかもしれないが辛《つら》い一晩でもありえたのです。

その糟糠の妻を一晩で追い出すなんて。

そうして次の日にキュウリやナスを漬けるときは、再びチューブを握って新しい糠を搾り出す。

一晩で追い出してすぐに新しいのを迎えるなんて。

かつての日本の食卓には、必ずといっていいほど漬物が並んでいた。

一汁三菜のうちの一菜は必ず漬物だった。

いま、日本の食卓から漬物は殆んど姿を消した。

何しろ糠漬けは手間ひまがかかる。

一日一回は掻きまわさないとたちまち機嫌がわるくなって味が落ちる。

いまどき、

「そうそう、糠みそ忘れてた」

とか言って、一日一回糠みそを掻きまわす主婦がいるだろうか。

そういう意味でもこの「ぬか漬けの素」はお新香界の希望の

星ということになる。
何しろ掻きまわす必要がない。
というか、チューブに入っているので掻きまわそうとしても掻きまわしようがない。
新しい時代の新しいお新香として「ぬか漬けの素」の前途は洋々としている、かに見えるのだが、ただ一つ、道徳の問題がその前途に暗い影を落としている。
やはり糠漬けの前途は暗いのだろうか。
ああ、糠漬けよ、君を泣く
糠に漬けたる君なれば
ラップに潜《ひそ》めとおしえしや
糠を捨てろとおしえしや
与謝野晶子ならこう歌うにちがいない。

◉大根の悲劇

いよいよおでんの季節。

いよいよってほどでもないが、一応あります、いよいよ感。

木枯らし、これが有効。

有効ってほどでもないが、不可欠。

おでんの鍋の中をそっとのぞいてみてみます。

別に「そっと」でなくてもいいのだが、メダカの学校は川の中、おでんの種は鍋の中……なのでメダカの流儀でそっとのぞいてみてみると、みんなでグツグツ煮えてるよー。

大根、コンニャク、ハンペン、たまご。

チクワ、チクワ麩、厚揚げ、昆布《こんぶ》。

漢字、ひらがな、カタカナ、入り混じってみんな仲良く煮えてるよー。

全員が無冠。

誰がリーダーで、誰がサブリーダー、ということはなく全員平等。

と思ったら大間違い。

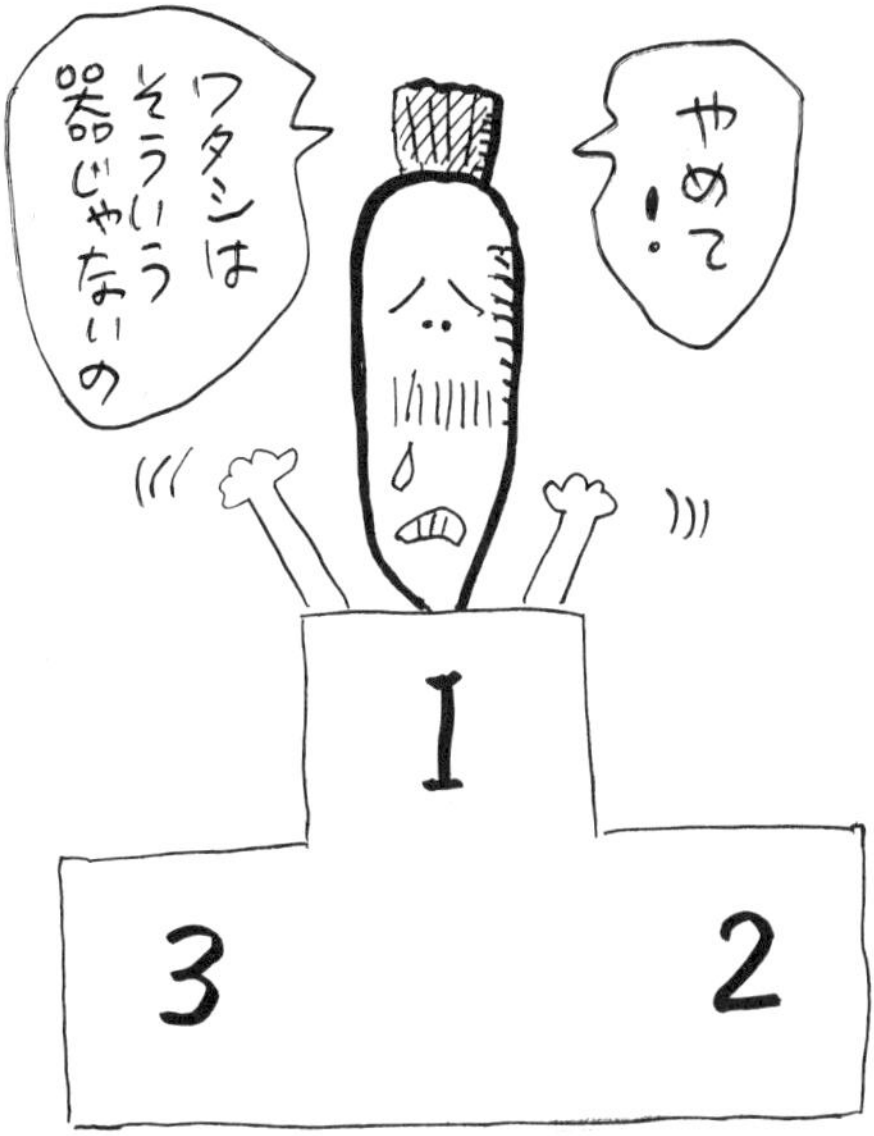

当人たちは無冠のつもりでいるのだが周りがそれを許さない。
順位をつけようとする。
一位大根、二位たまご、三位コンニャクということになる。
毎年おでんのシーズンともなると毎年この話題になる。
「おでんの人気順位」の調査の結果が発表される。
そして、ほとんど毎年、この順位は変わらない。
一位ということは優勝ということであり、チャンピオンということであり、A

ＫＢ48で言えばセンターということになり、会社で言えば社長あるいはＣＥＯということになる。

大根がＣＥＯ？

大根がセンター？

おでんの中の、どっちかというとみすぼらしい、あの大根が？　センター？

アイドルグループのセンターといえば、それなりの華というか、美貌というか、才気というか、そういうものがなくてはならない。

大根だって若いとき、おでんになる前、往時にはそれなりの色艶があった。元気はつらつ、太く、長く、白く、逞しく、肌の色艶よく、色気さえ感じられた（人によるが）。

だが、ひとたびおでんの鍋の中に身を沈めたあとの姿はどうか。

とたんに白かった肌は醬油色にうす汚れ、ところどころシミさえ出来、しなび、むさくるしく、しょぼくれた姿になっている。

生娘が苦界に身を沈めた感さえある。

しかも、おでんの大根にはグループリーダーにふさわしくない致命的な欠点があるのだ。

このことに触れると、大根は毎回声をあげて泣き出すといわれるほどの欠点。

それは……。

おでんの最大の魅力はツユにある。

鍋の中の様々な具材から出たそれぞれの味がダシとして混じり合って総合の味となる。

特に練り物から出るダシの力は大きい。みんなが協力して出し合って出来たツユの味が、こんどは再びそれぞれの具の一つ一つに浸みこむ。

これがおでんというものの成り立ちである。

ああ、ここで早くも大根の目に涙が滲んでいる。

自責の涙である。

自分はみんなと同じように自分の味を出したか。

大根は無味。

出しようにも出ないのだ。

協力しようにも協力のしようがないのだ。

そして、嗚呼、ここで大根は声をふりしぼって泣く。

自分の味を出さないばかりではなく、大根独得の嫌なアクさえ出すのだ。

そのために、米のとぎ汁でアク抜きをしなければならない。

協力しないばかりか、みんなに迷惑さえかけている自分。

全員が協力して作りあげたツユを、吸い込んでいるだけの自分。

そういう、いけない自分が、嗚呼、一位、チャンピオン、CEO……。

おでんの鍋の中の大根を、改めてよく見てみよう。

そこにありありと自分を責めている大根を人は見ることになる。

うん、たしかにいじけてる。

おびえている感じも見て取れる。

自分はグループのリーダーなんかじゃない、そういう器ではない、大根はいつもいつもそう思っているのだ。

噂によると大根は最初からトップの座を固辞してきたという。

それが聞き入れられず今日《こんにち》まできてしまったという。

おでん一位の座は大根にとっては悲劇なのだ。

ぼくは皿の上で湯気をあげている大根を見つめる。

この大根はどこから来たのか。

どうやって来たのか。

秋田の山奥から来たということは充分考えられる。

たぶんトラックに乗せられて運ばれてきたのであろう。

どういう状態で運ばれてきたのだろうか。

たぶんダンボールの箱に詰められて運ばれてきたのであろう。
秋田は寒かったにちがいない。
風も吹きすさんでいたにちがいない。
トラックは揺れたにちがいない。
大根は苦労したのだ。苦労人の気持ちをよく知っている。
だからこそ、一位の座を固辞したのだ。
ここで諸賢は、アレ? と思ったはずだ。
何かの話に似ているぞ。
片っぽうは辞退したが、もう片っぽうは大喜び。
もう、すっかりその気。
器とか、器じゃないとか、そんなの関係ないらしい。
れんげ草はたしか野に置けとか言われているが、そんなのも関係ないらしい。

◉お節の隙間

正月の朝、お節《せち》の重箱のフタをパッと開ける。
ワー！　楽しそう！
カマボコの紅白が並んでいるよー。
赤と白が交互だよー。
童謡の「からたちの花が咲いたよー」のメロディーで書いていきます。
キントンが粘っているよー
伊達巻がウズを巻いているよー
イクラがちょびっとだけど一応いるよー
みんなみんな嬉しそうだよー
とてもとても和気あいあいだよー
お節の重箱の中はギッシシリ。
そうなのです、ギッシリがとてもとても楽しそうに見えたのです。
いつものお正月だとこういうふうには見えない。ただ「ギッシリだなー」と思うだけ。

距離《ディスタンス》は
誤解の始まり
なんだなあ
みずお
そのとおり
なんだなあ

密が嬉しいのです。
隣と隣がくっついていて隙間がない。
もうそれだけで嬉しい。
よかった、よかったと思う。
このところ隙間なしに飢えていたのだ。
密を見たかったのだ。
お節を見て泣いたよー
黒豆の隣がタコだよー
レンコンの隣が人参だよー
みんなみんな仲良しだよー
空間は寂しい。
見たとたん心が萎《な》える。
もしお節が隙間だらけだったら。
もし海老とタコが離ればな

れだったら。

もしカマボコの赤と白があっちに一切れ、こっちに一切れだったら。

「距離は誤解の始まりである」

と言った人がいたかどうかはわからないが、誰が言ったとしてもそのまま後世に残る格言になる。

紅白のカマボコで言えば、重箱の中のあっちに一切れ、こっちに一切れはどうしたって不仲を感じさせる。

赤いカマボコと白いカマボコの間に何かあったナ、と思う。

ここでこの二つのカマボコを元に戻してくっつけて並べてみよう。

ホーラ、たちまち二人は仲良しに見える。

ここから人々はお節がもともと持っている「お節の悲劇」に少しずつ気がついていくことになる。

伊達巻を例にとって考える。

伊達巻は形《なり》が大きい。

四つ並んでいた伊達巻のまん中へんの一切れを誰かが取りあげて食べたとしよう。

見よ。

そこにポッカリ空いた空間を。

続いてもう一人の誰かがやはり中央のもう一切れを取りあげて食べる。

見よ。

過密の中に開《あ》いた大きな隙間を。

やがて一人が、そしてもう一人が一切れずつ伊達巻を食べる。

形《なり》が大きかっただけに、そこには大空間ができあがる。

ここから本当の「お節の悲劇」が始まる。

ここから例え話になるのだが、よく見掛ける光景として、立ち並んでいた商店の一軒が閉店となる。

へえー、やめちゃったのか、と思っているうちにその店は壊されてたちまち空き地となる。

そうなると、その前を通っても、

「ここにあった店、何の店だったっけ」

と、いくら考えても思い出せない。

その空き地の前を何回通ってもどうしても思い出せない。

お節に話を戻す。

かつて伊達巻があった空き地なのに、そこに何があったのか、もはや誰も思い出せない。

空しい。

密であったがゆえに余計空しい。

目出度かるべきお正月なのに目の前で起こったこの悲劇。

紅白のカマボコの場合はどうか。

紅白のカマボコは赤と白が交互に並べられる。

誰かが赤のほうを取りあげて食べる。

からたちの
花が
咲いたよ～
みんな
みんな
優しかったよ～

次の人もついつられて赤のほうを食べる。そして次の人も。

せっかく紅白が交互に目出度く並んでいたのに白だけが残る。

ついさっきまで目出度かった光景が急に白々としてくる。

寒々となる。

何だか不幸さえ感じ始める。

ではわれわれはお節にどう対処すればいいのか。

誰だって目出度い正月は目出度いまま過ごしたい。

結論を言おう。

お節にはいっさい手をつけない。

テーブルのまん中に置いて眺めるだけ。そうしておいて大皿を用意する。

大皿の上にお節の重箱の中のものと同じものをごちゃ混ぜにして盛る。

もちろんてんこ盛り。

カマボコも黒豆もタコも伊達巻もぜーんぶごちゃごちゃ。

人間、不思議なもので、こうなるとすぐ手が出る。

レンコンならレンコン、山盛りの山の中から好きなものを掘り出して食べる。

ときどき黒豆を掘り出して食べる。

ゴボウも掘り出して食べる。

キントンはいろんなものが貼りついているのでそれを剝がすのが面倒だが、それはそれで、かえって正月気分をそそられる。

そうしておいて、ときどきお節に目をやる。

三段なら三段、五段なら五段全部をテーブルに並べておいてそれを一段ずつようよう眺める。

そしてまたてんこ盛りに戻る。

「ウーム、なるほど。よかよか」（九州の人）ということになる。

今回は全体的にとりとめのない文章になってしまったが、

「正月ぐらいそれでよかよか」

と言ってくれるといいんだが。

◉グリコポッキー、ギネスに!

「グリコポッキー」

と聞いて、

「ナニソレ?」

ということになる人は少ないと思う。

「あー、アレね」

ということになる人のほうが多いと思う。

そして「あー、アレね」の言い方に、どことなく軽んじる気味があるのもまた否めない事実である。

確かにグリコポッキーには菓子界の重鎮という雰囲気はない。

虎屋の羊羹と比べてみるとその差がよくわかる。

持って軽いし、すぐ折れるし、身なりも貧相。

どう見ても菓子界の下っぱ。

ところが……。

全長の半分まで入るかなー？
半分
入りません
やってみたら
ゲッとなった

「このたびグリコポッキーがギネス世界記録に認定されました」

　というニュースを聞いたらどうなるでしょうか。

「ウソー」

　と思った人は多いと思う。

「だろーな」

　と思った人は少ないと思う。

　そういう言い方をしては失礼だと思うが、

「あんなものが？（失礼）」

　と誰もが思ったはず。

　特についさっき「あー、アレね」と言った人はどう態度を変えるでしょうか。

「ウン、オレもね、何となくいずれそうなるだろーなと思ってたんだよね」

ということになるのでしょうか。

実を言うと、ぼくもそのニュースを聞いたとき、何となくいずれそういうことになるだろうな、という気はしてたんだよね。

グリコポッキーはどういう理由でギネスに載ったのか。

「チョコレートコーティングされたビスケットブランド」で「世界売上げ№1！」。

「2019年の推定売上額5億8990万ドル！」、日本円で約600億円。

2020年の10月13日、この事実を江崎グリコ本社が発表した……のだが、この事実に世間は意外に騒がなかった。冷静だった。

やっぱり「あんなものが（失礼）」という思いが強かったせいなのだろうか。

だが、グリコポッキーのギネス認定の事実は重い。

モンドセレクション金賞受賞なら何となくわかるが、世界のギネスが世界一の認定。

ここまで「あんなもの」という言い方が何回も出てきて申しわけない思いでいっぱいなのだが、それなりの理由がないわけではない。

あれは1970年代だったかな、当時、スナックやバーなどではグリコポッキーはマドラー代わりに使われていた。

水わりやカクテルをグリコポッキーで掻きまわすのが流行《はや》っていたのだ。

それがこのたびのギネス認定。

スナックのアルバイト仕事から世界のギネスへ。

まさに太閤秀吉的大出世物語。

なぜ、あんなものが（失礼）大出世を遂げたのか。

グリコポッキーは棒状のチョコクッキーに取っ手を付けて手で持ちやすくした。これが最大のキーポイントだと思う。

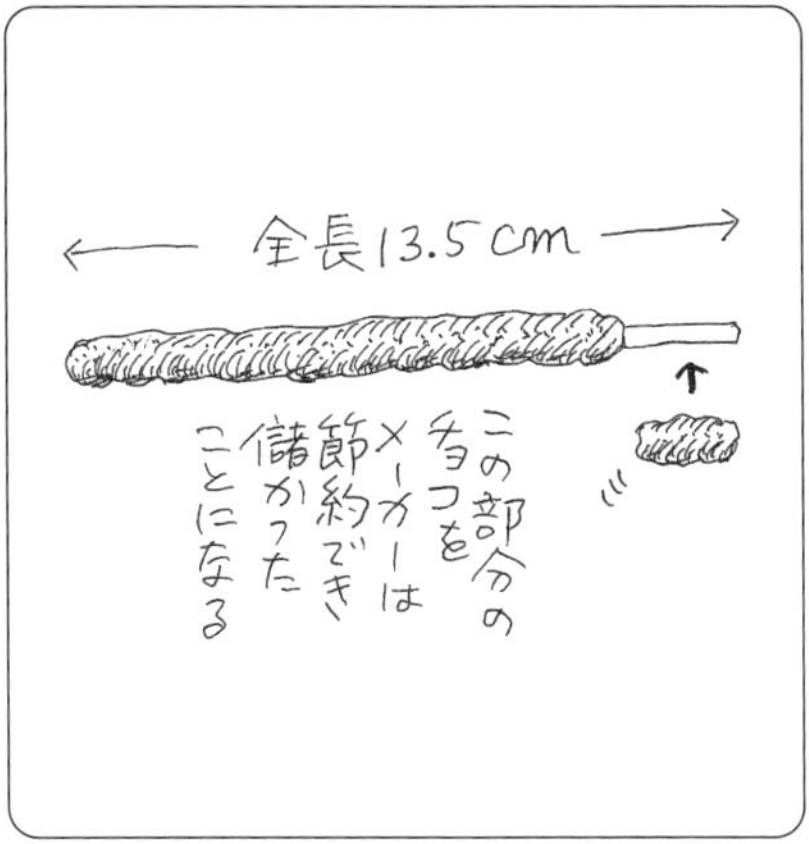
全長13.5cm
この部分のチョコをメーカーは節約でき儲かったことになる

センベイに取っ手はない。

ビスケットにも取っ手はない。

羊羹にも取っ手は付いてない。

グリコポッキーには取っ手が付いている。

付いている、と言っても何かを取り付けたわけではない。

　一本の棒状のクッキーの下の部分にほんのちょっぴりチョコレートを塗らなかっただけ。

このことによってその部分が取っ手になっただけ。

それだけのことで、この部分を手で持てるようにしただけ。

このことによってグリコポッキーは串カツと同じ食べ方ができるようになり、そのことによって「楽しいナ」ということになり、一箱食べ終わると「また食べたいナ」ということになり、だんだん世界中の人がそう思うようになり、どんどん売り上げが伸びていって世界一ということになり、それをギネスが認定した。

どうです、スバラシイ理論が構築されたと思いませんか。

ただ、この理論の枢要な部分が串カツによって構築されているために、

「はたして世界中の人々は串カツを知っているだろうか」

ということになり、

「串カツって日本だけのものじゃないの」

というところに大きな弱点があるということは認めざるを得ない。

ウーム、むずかしいナ。

こういう考え方はどうか。

エコという考え方。

串カツは竹の串に刺さっている。

この串は食べ終えたあと当然捨てることになる。

その点、グリコポッキーは串も食べちゃう。

捨てるところなし、ゴミなし。

ここのところに世界中が共鳴した。

共鳴して支持したので売り上げが伸びて世界で一番売れたのでギネスが認定した。

ウーム、エコだけで売り上げが伸びて世界一というのは理論的にちょっと弱いナ。

オモテナシというのはどうか。

チョコ付きの棒を手で持つと手がベタベタするから取っ手を付けた思いやりの心、すなわちオモテナシ。

これはエコよりもっと弱いナ。

棒の全域にチョコを塗らないで余白をつくってそれを取っ手にした、ということは、その余白の部分のチョコの量を使わずに済んだ。

すなわち会社は塗らないチョコの分量のチョコ代が儲かった。

消費者も手がベタベタせずに喜んだ。

双方よかったよかった、メデタシメデタシということで、よろしいんじゃないでしょうか。

◉コロナ下の紅生姜

世間がコロナでこんなに大騒ぎをしているときに、こんなことを言っていいのか。

自分で自分に問いかけつつもぼくは今こんなことを考えている。

「紅生姜の生き方、オレ好きだナ」

健気《けなげ》じゃないですか。

牛丼の片隅にひっそりと寄り添うあの姿。

なにしろ牛丼ですよ。

お歴々居並ぶ丼界の最底辺に咲いた徒花《あだばな》牛丼、その意気に感じて馳《は》せ参じた紅生姜の心意気。

鰻丼には奈良漬と世間は言う。

鰻丼も奈良漬も共に高級志向だ。

紅生姜は敢《あ》えて牛丼を選んだ。

その義侠心、オレ好きだな。

紅生姜はぼくに勇気を与えてくれる。

勇気を与えてくれる食べ物、そんな食べ物ってほかにあるでしょうか。

そしてまた、紅生姜は牛丼の牛肉とあまりにもぴったり合う。こたえられない。

牛丼の中の牛肉をひとしきり食べる、ふたしきり、みしきり食べる。

そのあとほんのちょっぴり口に入れる紅生姜の何というおいしさ。

これがタクアンではダメなんですね。福神漬でもダメ、柴漬もダメ、どうしても紅生姜。

「余人をもって代えがたい」とはまさに紅生姜のこと。

そのときの紅生姜はとて

つもなくおいしい……のか……というと、ここが問題なんです。

世の中にとてつもなくおいしい紅生姜というものはありません。

断言できます。

味はどれもこれもみーんな同《おんな》じ。ちょっと塩っぱくてちょっと酸っぱくてちょっと苦くて、あとは赤いだけ。

銘柄を云々されたこと一度もないんじゃないですか「どこそこの紅生姜は絶品」とか。

なぜか。

紅生姜には上昇志向がない。

向上心も持たない。

努力志向もない。

こういうところもオレ好きだナ。

現状のままが良い、と言っているのです。

自分はこのままで生きていくであります。

こういう生き方も世の中にあるのです。

あくせく、悪あがき、粉骨砕身、こういう言葉が嫌いなのです。

格好わるいじゃないですか、こういう言葉群。

ちなみに辞書で調べたところ、あくせくは〔齷齪〕と書くらしいです。

格好わるいじゃないですか、字そのものも。

「江戸っ子は五月《さつき》の鯉の吹き流し」

行雲流水、これが紅生姜の生き方。

紅生姜が雲と共に、水と共に流れてたどり着いた先はどこであったか。

牛丼に流れ着いた。

お好み焼き、タコ焼き、焼きそばに職を得た。

どれもこれも一流企業とは言い難い中小の会社ばかり。

紅生姜は流れる水に逆らったりしない。

流れ着いたところで生きていく。

紅生姜のこういうところも好きだナ。

人物が大きい。

みなさんは生姜が紅生姜になった経緯《いきさつ》を知っていますか。

紅生姜の元の姿は生姜です。

あの土色で、あのゴツゴツで、あの無様な格好で土の中から掘り出されたあの身なり。

どう見ても地味、どう考えても世間知らずの田舎者。

生姜自身はあの姿で生きていこう、野暮で目立たない人生を送っていこうと思っていたと言われています。

そう思っていたある日突然、土生姜は人生の大転換を迎えることになります。

紅生姜という生き方を強要される。

超大転換。

地味から超派手へ。

土色からまっ赤っかへ。

それにしても、あの超地味な生姜をドギツイまっ赤っかにしようと考えた人は誰なのでしょう。

だってあのまっ赤っか、どう考えても日本人の国民性と合わない。

日本人はもともと中庸を良しとして生きてきたはず。

あの発想は日本人には無い。

よくもまあ思いきって、よくもまああの大胆、無謀としか言いようのないドギツイ赤。

と思いきや、日本人は意外にその赤を受け入れた、どころか超ウェルカムであった。

そしてタコ焼きも牛丼もお好み焼きも焼きそばも紅生姜無くしては成り立たないほどの存在になった。

それもこれも〝生姜の大人の対応〟があったればこそ、という事実を多くの日本人は知らない。

生姜を赤く染めたものが紅生姜であるが、このとき本人の了解は取ってあったか、なかったのか。

たぶん取ってないと思う。

無断であった、としか考えられない。

もし名誉毀損で訴えられたらどうするつもりなのか。

ふつう突然自分の体を断りもなしにまっ赤に染められたら怒り狂う。

なのに生姜は大人の対応で許した。

このあたりにも生姜の人物の大きさをうかがわせるものがあると断じざるをえない。

これまで日本人はあまりにも紅生姜を冷遇してきた、と、このコロナ下にぼくはつくづく思った。

◉コロナ下の宅呑みを楽しむ

酒は外で呑むものだった。

外でみんなといっしょにワイワイ呑むものだった。

コロナ禍まではね。

それがコロナで一変。

なにしろ居酒屋もスナックも赤提灯も定食屋さえもみんな八時で閉店してしまう。

サラリーマンの場合は六時に会社が終わって「さて、これから一杯!」と思っても七時には酒がラストオーダー、「さて!」も何もあったものではない。

そこで「自宅で」ということにならざるをえない。

宅呑みは一人呑みということになりどうしてもしんねりむっつり呑みになる。

外呑みであれば、たとえ一人呑みであっても、たとえば美人おかみの店などでは、

「おひとつどーぞ」

ということになり、

「きょうは一段とキレイじゃないか」

ということになり、

「アラ、いやですわ」

ということになり、いまどき「ですわ」などという言葉をつかう女性はいないのだが、どうせ空想の世界なんだから許してやってください。

宅呑み、すなわちコンビニ呑み。

コンビニには宅呑みにぴったりのおつまみがズラリと並んでいる。

しかも全部現物。

居酒屋などでは文字で書かれたメニューが壁面に張ってあるが、コンビニでは現物そのものが目の前にズラリと並んでいる。

臨場感横溢。

目の前の現物を見ながら一つ一つ選んでいく。

まずつき出し。

「ほうれん草胡麻和え（118円・税込）」

おー！　これこれ！

「焼き鳥（128円・同）」

おー！　まさにこれ！

コロナ前ならここで顔にかかる湯気。

おでんコーナーだ。

しかし今はコロナでおでんは店員にチンしてもらう。

「おー！　これぞ晩酌の帝王」

これなくて何の今宵の宴《うたげ》かな。

エート、まず大根（70円・同）、それからはんぺん（105円・同）、たまご（90円・同）。

何しろいずれも現物、匂い付き、それが目の前、居酒屋ではこうはいかない。形も匂いもない文字だけ。

コロッケ発見。

揚げもの代表としてのコロッケ。しかも「北海道産男爵の牛肉コロッケ（90円・同）」。

贅沢三昧とはこのこと。

男爵の人と交際したことはないが、いま、こうして、コロッケで交際。

そうそう本日の主君を忘れていた。

「ワンカップ（注・日本酒）（197円・同）」

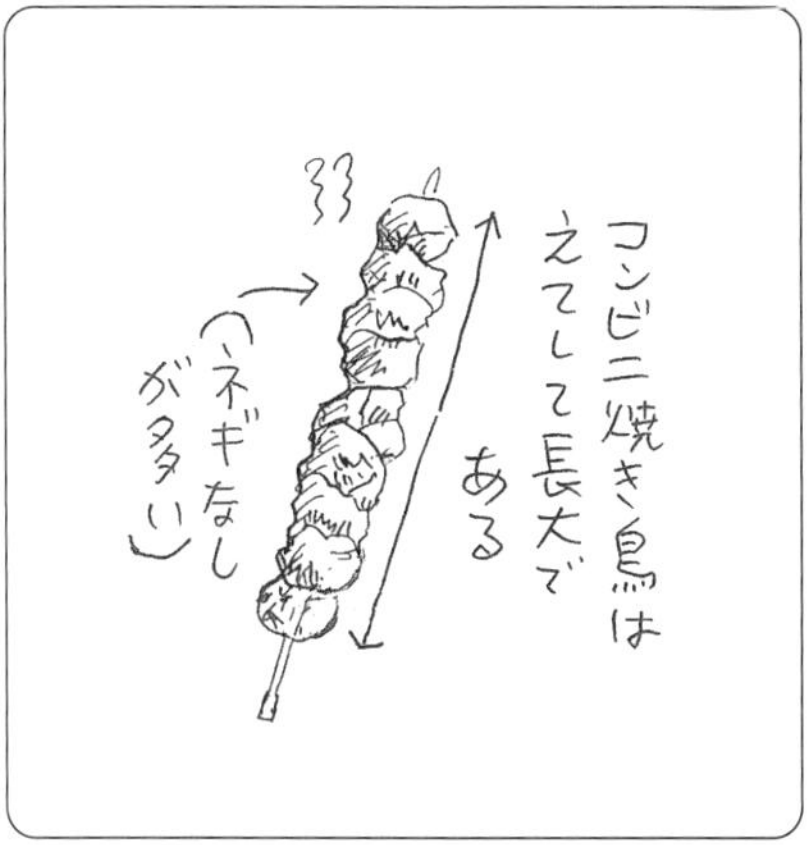
コンビニ焼き鳥は
えてして長大で
ある
（ネギなし
が多い）

そして「缶ビール2（198円×2＝396円・同）」。以上。

総計1194円。

そうそう、それに「レジ袋（3円）」。

もしですよ、これら全メニューを居酒屋で呑んだとしたらどうなるか。

どう考えても二倍は取られて2000円、それが半分で済んだわけだ（まだ呑んでないが）。

宅呑みにはこういう隠れたメリットがある（隠れてないか）。

全メニュー（全現物）をテーブルの上に全部拡げる。

壮観！　と言うよりほかはない。

居酒屋で呑む場合はテーブルに着いてから一品か二品

が到着するわけだが、宅呑みの場合はこのように全注文品が一挙到着、一挙展開。

豪華絢爛この上なし。

もしテーブルの上に豪華全9品展開の客が居酒屋にいたならば周囲の人はどう見るか。

大富豪かビル・ゲイツの親戚か、と敬って拝みながら通る人もいるにちがいない。

ただ、コロッケと大富豪の取り合わせが少し問題になると言えば言えるかもしれない。

富豪は満を持して缶ビールをコップにトクトクと注ぐのであった。

そしてそれを高く掲げて一人で「カンパイ」と声に出して言うのであった。

ビールをゴクリと呑み干してまず「ほうれん草胡麻和え」をひと口。

またビールをグビリ。

テーブルの上の御馳走群をひとわたり見回して次は焼き鳥。

焼き鳥はレンジに30秒かけてあるので超アツアツ。

このあたりも宅呑みならではの利点と言える。

次がはんぺん、つづいて大根、ついでにツユもちょっぴりゴクン。

またビールをゴクゴク、こんどは連続6ゴクで缶一本終了。

ワンカップに取りかかる。

冷やでそのままグビリ。

ここでテレビをつける。

テレビをすぐ目の前で見ながらのイッパイというのも、居酒屋ではかなわない極楽の境地。

テレビでは、なにやら悪代官と悪徳商人が悪巧みをしている。

テーブルからソファに移動。

おつまみ群も全員移動。

足を伸ばして姿勢がラクになる。

この姿勢も居酒屋では不可能だ。

と、ここで急に立ち上がって冷蔵庫に向かう。

冷蔵庫から棒つきのアズキアイスを取り出す。

このあたりの展開も融通無碍、宅呑みならではの自由自在。

居酒屋ではこうはいかない。第一、居酒屋のメニューにアズキアイスがない。

アズキアイスを噛《かじ》り終えると次はコロッケ、そして大根、そしてワンカップ、そしておでんのたまご。

手足ノビノビ、背中もノビノビ、ついウトウトと大団円。

テレビは悪代官と悪徳商人がお白州で裁かれており、こちらも大団円。

◉「ひょっとこ蕎麦」誕生物語

東京オリンピック・パラリンピックの組織委員会の森会長。

いま大変なことになっている。

女性蔑視。

とんでもないことである。男女は平等でなければならない。

森会長の発言は要約すると、「女性は話が長い」というようなことにもなると思う。

象の鼻は長い。ので、「象の鼻は長い」と発言したつもりで本人はいるようだが思い違いもはなはだしい。

こういう時代錯誤の人は日本中にまだまだたくさんいる。

それぞれの団体、業界にごまんといる。

各界、大丈夫か？

飲食関係、大丈夫か。

たとえば蕎麦業界。

蕎麦屋のメニューにおかめ蕎麦というのがある。

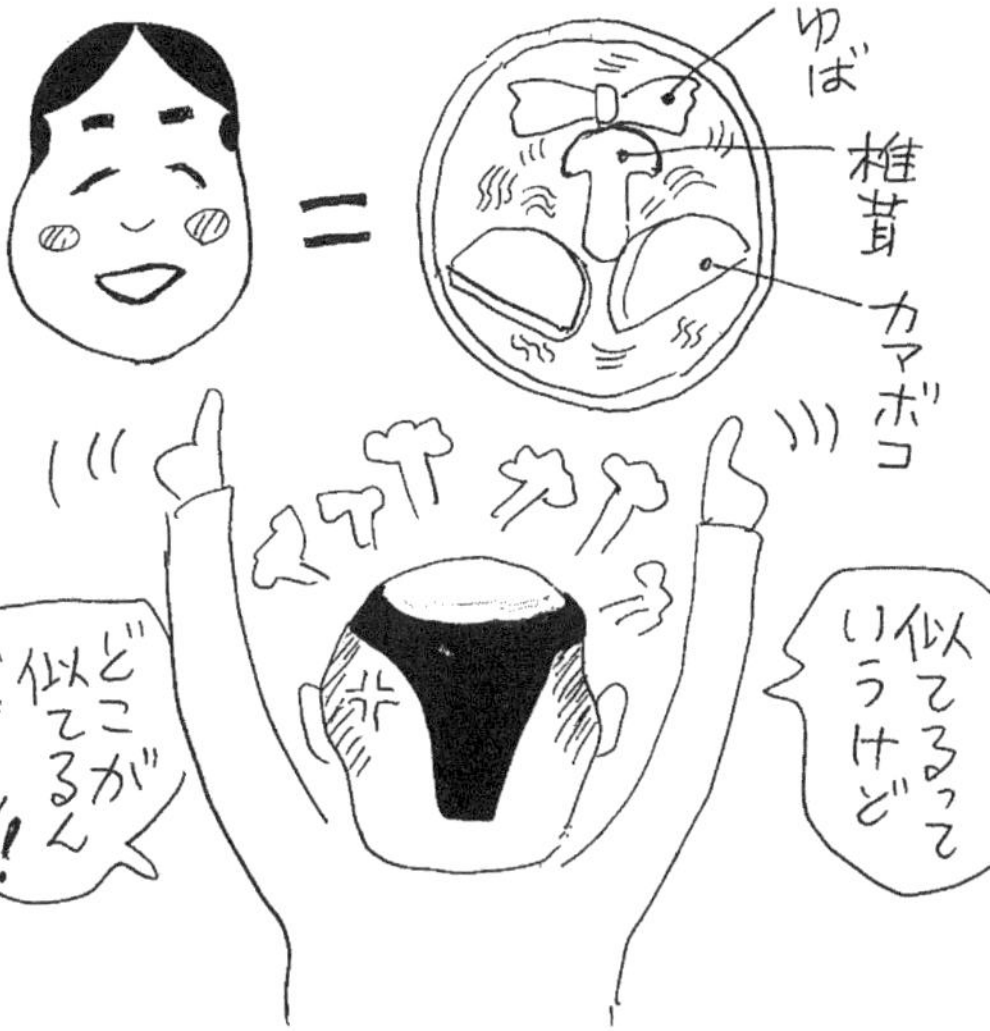

メジャーなメニューではないが、蒲鉾が入っていて、椎茸が入っていて、筍なんかも入っていて、具の並べようによってはおかめの顔に似ているというのでおかめ蕎麦。

誰もが知っていることだが、おかめは女性である。

女性を蕎麦の名前に使用している。

蕎麦というものは、まあ、言ってみれば安直な食べ物である。

その安っぽい蕎麦の名前に、畏れ多くも女性の名前が付いている。

いいのか。

蕎麦の名前に女性の名前を使うなら、男女平等の精神からいって当然男性の名前も使うべきではないのか。

あるのか、男性の名前の蕎麦。

もり、かけ、きつね、たぬき、月見、鴨南、天ぷら、どこまでいっても男性系の名前は出てこない。

おかしいじゃないか、ということになる。

いまからでもいいから、男性系の名前の蕎麦を作れ、ということになる。

「森会長に作らせろ」という声が上がる。森会長は贖罪もかねてしぶしぶ考案することになる。

電通が請け負って、「ひょっとこ蕎麦というのはどうでしょうか」と提案する。

「ウーム、おかめ、ひょっとこ。いいかもしんない」

ということになってひょっとこ蕎麦に決定。

おかめは女性、ひょっとこは男性。

まさにぴったし。

時代が生んだひょっとこ蕎麦。

問題は具である。

ひょっとこ蕎麦の具は何がいいのか。

油揚げはきつねが使っちゃったし、天かす、蒲鉾、卵、海老天、鴨、とろろ芋、麩、コロッケさえも立ち食い蕎麦が使っちゃったし、安くて身近で簡単に手に入るような具はみんなすでに使っている。

そしてイメージ、ひょっとこのイメージにぴったりの具。

竹輪はひょっとこの口のイメージとして使えそうだが、これも立ち食い蕎麦が竹輪天として使っちゃってるし……。

あの〜
なんだか白っちゃけ
ていて
影が薄いん
ですけどォ(カビ?)

ここに万策尽きる。

森さんも電通もお手上げ。

ぼくも降参。

そうだ、原点に戻ろう。

それぞれの蕎麦の名前と具はどのようにして決まっていったのか。

そうしてどのように定着していったのか。

縋《すが》るような気持ちで広辞苑を開く。【阿亀蕎麦】かまぼこ・椎茸・湯葉などを入れたつゆそば。

漢字で書くのが正式らしい。湯葉も使うものらしい。

「それにしても……」と思った。

頼りにして取り組ったせいもあるかもしれないが、「蕎麦屋のメニューとその具は辞書によって決められていくものである」と思うに至った。

だってそうじゃないですか。

実際にぼくはこうして阿亀蕎麦の実態を辞書によって確かめたわけじゃないですか。

そうしたら辞書は確信をもってこのようにくわしく答えてくれたわけじゃないですか。

つまり最終的な結論は辞書が握っているということになる。

実権は辞書が握っている。最高裁みたいなものじゃないですか。

ウーム、世の中の仕組みはこのようになっていたのか。

それはそれでいいとして、そうなってくるとこういう心配が生まれてくる。

広辞苑は岩波書店から出ている。言ってみれば本屋である。

本屋が蕎麦屋の具を勝手に決めていることになる。

いいのか、そういうことで。

本屋は蕎麦屋のことを何ひとつ知らない。

蕎麦の茹で方ひとつ知らない。

蕎麦つゆの作り方も知らない。

いずれも家伝・秘伝に属する奥の深い世界である。

そういう世界にど素人の本屋が口を出していることになる。

今回の場合（ひょっとこ蕎麦の場合）は、ネーミングもその具の内容も最終的には辞書が決めることになっていくはず。

さあ大変なことになった。

これから世の中にデビューするひょっとこ蕎麦は、時節柄、男女差別の思想がつゆほどもひそんでいてはならない。

もしほんの少しでもそういう思想が見えかくれしていると、再び森会長が記者会見をしなければならなくなり、再び逆ギレして再び失言して事態は更に紛糾して収拾がつかなくなるおそれがある。

この原稿を書いてまもなく森さんは会長をお辞めになりました。そうしたら何だか急に森さんが可哀想になってきました。森さんはぼくと同い年ですし。

◉うどんよ、今夜もありがとう

此の頃ときどきこうなる。

急に自信がなくなる。

と同時に孤独感に襲われる。

と同時に全ての希望が失われる。

前途まっ暗。

みんなに見放された、という思いも強い。

「あなたはもともと鬱の気《け》がある」

と医者に言われているのでそっちかもしれない。

きっかけがあるわけではない。

いつだって突然。

いったんこうなるともう何をする気も起きない。

でも腹は減る。

人間の内臓はそれぞれいろんな働きをするので人間をしていろんな行動に駆り出させるが、腹

酷寒の地での
つらい経験も
あったが
いまは
こうして
安楽の日々

だけはいつだって別腹。

心は鬱でも腹は減る。

そこで立ち上がって冷蔵庫に向かう。

冷蔵庫の扉を開けると冷凍庫のところにうどんが見える。

冷凍うどんである。

そうだ、これを食べよう。

油揚げを入れて、とか、天かすを入れると旨いんだよナ、とかの心の余裕はまるでないので素うどん。

鍋に湯を沸かす。

煮たったところで凍って四角ばっているうどんを投入。

頃合いを見て一本、箸でつまんで引き上げる。

すっかり柔らかくなって箸の先にダランと垂れ下がっている。

揺らすと揺れる。

じっとしているとじっとしている。

心が通じる、と思った。

心が通《かよ》い合う、と思った。

嬉しかった。

お友達になれる、と思った。

ついさっき、みんなに見放されたという思いがあったせいかもしれない。

二人の心がついさっきまで凍っていたせいもあるかもしれない。

二人の心が、たったいま溶け合ったのだ。

もし麺が冷凍麺ではなく生麺であったなら、二人のこれほどの歓喜はなかったのではないか。

いまこうして相寄《あいよ》る二つの魂《たましい》。

箸で引き上げた一本のうどんを皿の上にそっと置く。

置く、というより、横たえる、かな?

やんわり横たわったうどんは身長約20センチ。長身、という言い方でよいのだろうか。

BWHは同じ直径約7ミリ。

ソーメンと比べるとかなりむっちりした体格で、特に太くなっているところもなく細くなっているところもない。

均整のとれたカラダ、ということになるのだろうか。

皿の上で湯気を上げながらじっとしているうどんをじっと見つめる。

腰のあたりが少し捩《よじ》れているのでそっと手を伸ばし優しく直してあげる。

体が冷えるといけないのでお腹のあたりにそっと布巾をかけてあげる。

ついさっきまで自信も希望も失っていたぼくの心が、いまこうして少しずつほぐれていきつつある。

うどんによって優しい心が取り戻されつつある。

もしかしたらぼくのいまの鬱はうどんによって少しずつ癒やされていってやがて完治に至るかもしれない。

感謝を込めてぼくは彼女の頭のところに枕（豆竹輪）を差し込んであげるのであった（いつのまにか彼女になっている）。

思えば彼女は苦労人であった。

苦労人の話には出身地（出《で》）が不可欠で、東北地方の県の名前がよく使われる。山形の出《で》、とか。

その例でいくと、彼女の出《で》は粉《こな》（粉末）である。

吹けば飛び散る粉、形のない粉末、そこから苦労に苦労を重ねて、ついに形をかち得たのだ。

うどんという形をかち得たのだ。

〝身を粉《こ》にして働く〟という表現があるが、彼女は生まれながらにして粉であった。

彼女の生い立ちがいかに過酷であったかこの事実ひとつを取ってみても明白である。

一般的な〝うどんの生涯〟の苦労時代はここで終了する。

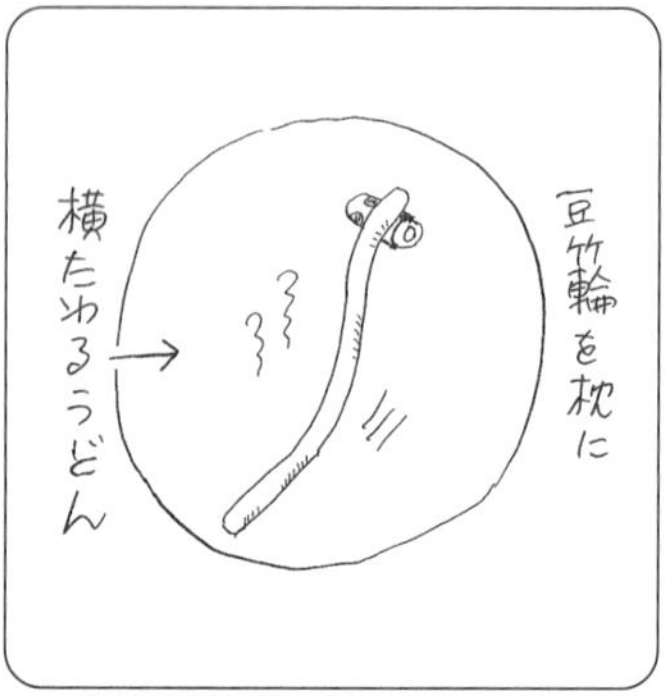

生うどん、半生うどん、茹でうどん、乾麺という形で、ここから先は安楽な生活が待ちうけている。

温かいおつゆの中で、油揚げや天かすや竹輪などの孫たちに囲まれた楽しい生活。

なのに、彼女の生涯は他のうどん達とは違った道を歩むことになる。

過酷で苦難の道である。

突如、冷凍室送りとなったのである。

かつての帝政ロシアの時代には「シベリア流刑」という制度があった。

改めてわが家の冷蔵庫の冷凍庫を見てみよう。

平和を謳歌する冷蔵庫の中の最下段の恐るべきシベリア地帯。

冷凍うどんはそこに押し込められて数年、ひょっとすると幾十年、刑期と言うにはあまりに長期にわたる囚われ人の生活が続く。

いま、こうして伸び伸びと皿の上に横たわっている一本のうどんにはこうした辛い過去があったのだ。

いま、ぼくはそのことを思う。

誰にでも辛い時期はあるのだ。

いまぼくは鬱で辛い思いをしているが、冷凍うどんの過酷な生涯と比べれば何という軽さであることか。

人間はいろんなものから勇気をもらう。

アスファルトの隙間から生えている草からも希望をもらう。

そうだ、立ち直ろう、うどんで立ち直ろう。

事実いまぼくはうどんで立ち直りつつある。

石原裕次郎の心境になりつつある。

ぼくらはいつもそっと言うのさ、うどんよ、今夜もありがとう。

◉ハンペンの時代

世界の歴史をひもとくと、

「大航海の時代」があった。

「鉄のカーテンの時代」があった。

「縄文の時代」があった。

そしていま、

「コロナの時代」。

現行の「コロナの時代」は、いま述べた三つの時代に匹敵する大物の時代区分である。

いずれ入試問題の必須のテーマとして必ずや定着するであろうことをわたくしは予言する。

そしてまた「コロナの時代」はやがて「ハンペンの時代」に移行していくであろうこともついでに予言しておく。

「ハンペン？　何者《なにもの》？」

ここで読者諸賢、驚くはずだ。

驚いてはいけない、おでんのハンペンである。

　あの白くてフワフワした
あのハンペンである。
「え？　あのおでんのハンペンのハンペンが『ハンペンの時代』のハンペン？」
　とりあえず落ちつきなさい。
　落ちついてわたくしの説明を聞きなさい。
　順を追って説明する。
　２０２０年はまさにコロナの年だった。
　そんなコロナまっ最中の年末に選ばれた新語・流行語大賞は「３密」であった。
　いついかなる場合であっても「密」はいけない。

密は避けなければいけない。

「いついかなる場合」ということは、当然のことながら「おでんを食べる場合」も含まれる。

おでんの具の一つ一つを考えてみよう。

チクワ、さつま揚げ、つくね、イカ巻き、ゴボウ巻き……みんな魚肉練り製品である。

大根、卵、厚揚げは魚肉練り製品ではないではないか、という声もあると思うので、魚肉練り製品が多い、ということで話をすすめさせていただく。

魚肉を練る、練りに練る、そうするとどうなるか。

密になる、どんどん密になる、都知事が「密はダメ」と言っているのにおでん業界は密で商売をしている。

「まずいな」という声が業界内部に高まっていた（ような気がする）。

まさにそのとき、

「ハンペンがあるではないか！」

という声が上がった。

ハンペン会社の人だった、と言われているがいまとなってはその事実を知る由もないのが残念である。

ハンペンも魚肉練り製品であることに変わりはない。

ハンペンはタラと卵白と山芋を練りに練ったものだ。

ただハンペンには他の魚肉練り製品とは違った努力目標があった。

内部に空気を含ませる。

このことに専念した。

専念した結果どうなったか。

フワフワになった。

「ハン」はとかく「ペン」しがちである
それで「ハンペン」となった

なぜフワフワになったか。

材料としてのタラの身と卵白とすった山芋の間隔が疎《そ》になったからである。

空気によるディスタンスが生まれたのだ。

ハンペンの空気の含有率はハンパじゃない。自分でおでんを作って食べた人は知っているが、いったんハンペンを鍋に入れると押し込んでも押し込んでも浮き上がってくる。

その抵抗する精神が高く買われた。

このコロナの時代に、魚肉練り製品という立場にありながら、密はいけないという時代の要請を莞爾として受け入れたハンペン魂《だましい》を高く評価する人は多い。

ハンペンというネーミングもよかった。

「ハンパない」という言い方が流行《はや》っているので、これを「ハンペない」にして流行らせ、それをやがて「ハンペンない」に持っていこうという動きも電通あたりにあるやに聞く。

「コロナの時代をハンペンで凌いでいこう」

が目下のおでん業界の合言葉である、というような話もときどき耳にする（ような気がする）。

つまりハンペンを錦の御旗に仕立てあげて当面の苦境をのりきっていこうとしているのだ。

そうやって「密」はいけないという都知事の監視の目をかいくぐっていこうとしているのがおでん界の魂胆である。

どうです、この炯眼《けいがん》、スルドイ推理、そして明察。

「ハンペンの時代」が来る予兆はまだある。

ハンペンは柔らかい。

その柔らかさはおでん界ではナンバーワン、いや、全食品界でも豆腐に次いで二位、いや、一位かも、というぐらいの評価を得ている。

ということは歯に負担がかからない。

これからの世界の人口動態はどうなっていくか。

ますます老齢化がすすむ。

お年寄りは総じて歯が弱い。

老齢人口の増加と共に「ハンペンウェルカム」の風潮は日本全国に拡がっていき、やがては全世界にさざ波のように拡がっていく。

全世界がハンペンを渇仰するようになるのだ。

これを「ハンペンの時代」と言わずして、誰がハンペンの時代を唱えるというのかッ。

どうです、ちゃんと「ハンペンの時代」が来たじゃないですか。

ここで気を許してはいけない。

「ハンペンの時代」の理論を補完する出来事がもうひとつある。

2020年の「新語・流行語大賞」は「3密」であったということはさっき述べた。

そのときエントリーされたトップテンの流行語の一つに選ばれたのが「フワちゃん」であった。

フワフワのフワちゃん、フワフワのハンペン。

何という符合、なんという予兆。

◉ワンタン麺にしてやられる

仕事をしていて突然、

「ラーメン食いたい!!」

と思った。

前後の脈絡がまるでなく、いきなり、出し抜け!!

そのときの「ラーメン食いたい!!」には激情と言ってもいいくらいのハゲシイものがあった。

そして純粋さがあった。

もはやラーメン以外のことは一切考えられなかった。

いま冷静になって考えると、あのときのあの自分のあの純情が愛《いと》おしい。

不憫でもある。

もうお気づきの方もおられると思うが、ここまでの文章には！のマークがやたらに多い（しかもダブルで!!）。

激情のハゲシサを!!が物語っているといえるのではないだろうか。

このとき食べたいと思ったラーメンはごくありふれたラーメンだった。

もう少し具体的に書くとごく普通の醤油ラーメンで、麺の上にごく普通の厚さのチャーシューがのっていて、その隣にごく普通の太さのメンマが数本並んでいて、ごく普通のナルトが一枚、そこからごく普通の湯気が立ちのぼっているというラーメン。

ラーメン食いたい!!　その一念だけでぼくはラーメン屋に向かっていた。

そのラーメン屋は、ラーメンもあるがギョウザもチャーハンもあるといういわゆる街中華の店だった。

そういう店に入ってカウンターに座って、まさに、

「ラーメン‼」

と言おうとしたとき悲劇は起こった。

ふと見たメニューの片隅の「ワンタン麺」という文字が目に入ったのである。

人間の欲望はおそろしい。

そんなにも「ラーメン食いたい‼」の一念のなかにあっても更なる欲望が頭をもたげるものなのだ。

「ワンタンも食いたい‼」

つい今し方「人間の欲望はおそろしい」と書いたばかりだが、もしかしたら人間全般ではなくぼく個人特有の真理かもしれないのでここで訂正しておく。

この店は、一見、ごく普通の街中華の店に見えたのだが、実は、人間の欲望を巧妙に刺激する仕掛けが施してあったのをそのときのぼくは知るよしもなかった。

ラーメン　700円
ワンタン麺　750円
ここでワンタン麺なるものの全体像を考えてみる。

店によって多少の違いはあるが、多くの店のワンタン麺は、

「ラーメンの丼の片隅のところに5〜6個のワンタンを入れ足したもの」

であることが多い。

この店の主人はこう言っているのだ。

「今そこでラーメンを食べようとしているキミ。あと50円出すとワンタンも食べられるのだョ」

この誘惑に耐えられる人はいるだろうか。

ぼくは店の主人にこう言った。

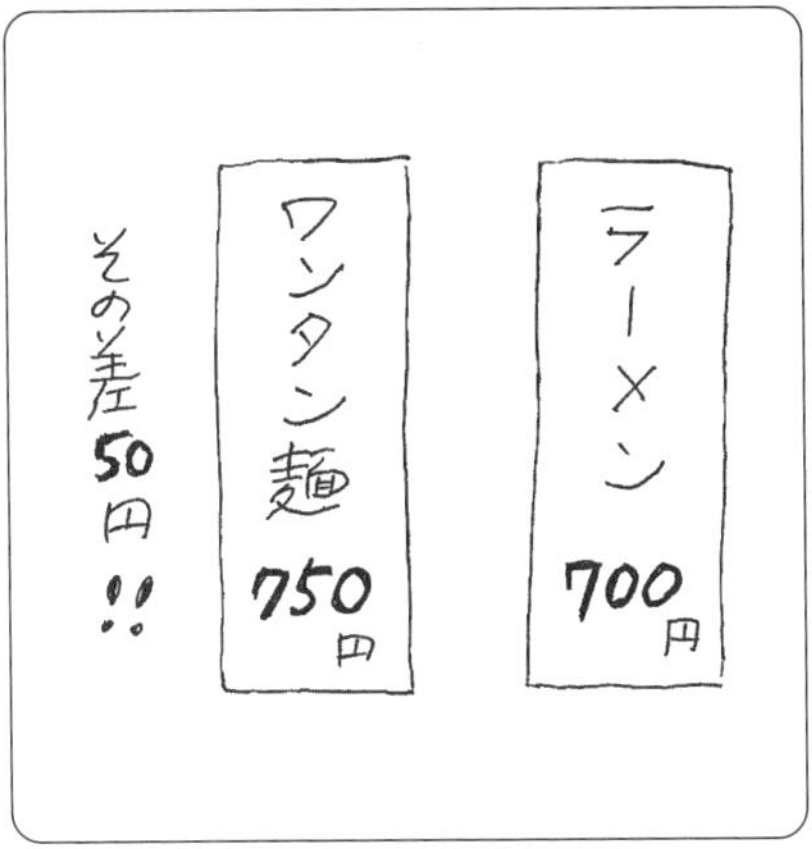

「ワンタン麺を!!」

言ったあとハゲシクうなだれるのであった。

そして思い出すのであった。

「ラーメン食いたい!!」と思ったあのときのあの初志を。

あの純情を!!

あの激情を!!

貧しさに負けた!! いえ世間に負けた!! いや自分自身に負けたのだ。

たった5~6個のワンタンの誘惑に負けたのだ。

相手が大物ならまだ気が済む。

あんな、ニョロニョロしてビラビラしてスープの中を逃げまわってばかりいるような奴のためにわが純情が踏みにじられたのだ。

いや、自分で踏みにじったのだ。

ワンタンによろめいたのだ。

「ヘイ、おまちー！」

の声と共にワンタン麺くる。

つくづく見る。

ああ、やっぱり!!　ワンタンは小物であった。ワンタンは間借り人であった。

丼を上から見下ろせばどう見てもラーメン。

そのラーメンの片隅に、ほんのちょっとした隙間をつくってもらってそこにワンタンがヒイ、フー、ミー、あれ？　5個しかない。

この期《ご》に及んでワンタンの数を数えている自分、いじましい自分。

ワンタン5個は、よく見ると丼の片隅に寄り集まっていじけているようにも見える。

チャーシューは丼の中央で堂々とその偉容を誇っているしメンマの一団は太いの細いの入り混じりながらもグループとして

団結を誇示している中で、ワンタン5個だけが浮いている。

だいたいワンタンは麺なのか、皮なのか(ギョウザの皮みたいな)、本体はどこなのか。

そのうちの一個を食べようとレンゲで追うと逃げまわるくせに、彼らをよけてスープだけ吸おうとするとわざとニョロリと流入してくる。

長い間借り生活ですっかり性格が歪んでしまったのだろうか。

さっきから後悔ばかりしている自分に気づく。

やはりあのとき初志を貫徹してラーメンにすればよかったのではないか、ズルズル(麺をすする音)、迷ってワンタン麺にしなければよかったのだ、ビロビロ(ワンタンが流入した音)、なぜワンタン麺にしたかというとそのほうが得だと思ったからなのだが、50円の差でワンタンが5個というのははたして得をしているのか、ズルズル、かえって割高ということも考えられるではないか、ビロビロ、もしあのとき迷わずにラーメンにしていれば、ズルズル、いまごろは何の迷いもなく堂々とラーメンをズルズルすすっているはずなのに、ズルズル……。

あのときのあの純情、あの熱血の自分でいられたのに!!

◉青年とおばさんとカレーと

週刊誌を見るともなくパラパラめくっていたらこんな投書が載っていた。

どちらかというと青年系の週刊誌である。

「スーパーで買い物をしてレジの行列に並んでいたら……」

で投書は始まる。

「ぼくのカゴの中には、ジャガイモとニンジンと玉ネギと豚肉のパックとハウスバーモントカレーのルーが入っていた……」

このカゴの中の一連の品揃えを見れば、誰の目にもこの青年がこれから作って食べようとしているものが何であるか一目瞭然である。

その青年の隣に一人のおばさんが立っていた。

そのおばさんは何気なくその青年のカゴをのぞきこむ。

のぞきこんだとたん、

「ハハーン！」

という表情で大きく頷いた。

本人は公開する
つもりはないのだが
結局、公開になってしまう
スーパーのカゴにも問題が
あるような気がする
カレー

その「ハハーン！」が気に入らなかった、と青年は書く。

（読まれた）と青年は思った。

自分がこれからしようとしている行動のすべてを見透かされたのだ。

しかも見ず知らずのおばさんに。

悔しかった、と青年は言う。

ここでぼくは「ウーン！」と唸った。

青年の悔しい気持ち、よーくわかる。無念であろう。

ぼくは心からその青年に

同情した。

いくらなんでも「ハハーン！」はないだろう。

失礼ではないか。

だが、おばさんにも同情すべきところがないわけではない。

スーパーのレジのところに並んで待っている人は総じてヒマである。

つい隣の人のカゴの中に視線がいってしまうものなのだ。

そうしたらカゴの中にはジャガイモ、ニンジン、玉ネギ、豚肉、カレーのルーが入っていた。

あまりにもわかりやすいヒントに思わず「ハハーン！」と頷いたことの罪を問うことができるだろうか。

しかし「ハハーン！」を相手に悟られたのはまずかった。

悟られない程度の「ハハーン！」にしておけばよかったのだ、と、ぼくは思う。

なぜかといえば、このときの「ハハーン！」の表情には「ナーンダ！」の表情も混じっていたはずだからだ。

「ナーンダ！」の表情は「ガッカリ！」の表情を伴う。

「ガッカリ！」の表情は「ツマンネー奴！」の表情につながる。

この三段論法によって青年は傷ついたのだ。

なにしろ青年である。

青年というものは概して大志を抱いているものなのだ。

もしかしたらこの青年も、世の中に革命を起こして世界を平和に、人々に幸福を、という大望のある青年だったかもしれない。

そういう大物の自分に対して、隣に立っていたおばさんは、

「ツマンネー奴!」

青年の想像図
けっして
明朗な性格
ではない(たぶん)

という判断をくだしたことになる。

青年はそのところをどうしても許せず、憤懣やる方なく投書に及んだのだ。

投書はそこで終わっている。

「憤懣やる方ないオレ」で終わっている。

だが現実にはその後があったはずだ。

「ハハーン事件」のあとも二人は並んで立っていたわけだから後日譚がないわけがない。

投書者がそこで打ち切ってしまったのでぼくが代わってその後を書かざるをえない立場になったような気がする。

ので書く。

雑誌に投書をするという行為は並大抵のことではない。

その青年が「ハハーン！」だけで投書までするとは思えないのだ。何かあった、と思わざるをえない。

何があったのか。

ここからはすべてぼくの推測であることをお断りしておく。

すべては「豚肉のパック」に原因があったのだ。

改めて豚肉のパックを見てみよう。

そこには「こま切れ」の表示があったのだ。

一般的な家庭では、カレーにはカレー用の肉を使う。

そして肉のパックには「カレー用」ないしは「シチュー用」などの表示があるはず。

青年の肉のパックは、カレー用より一ランク下、あるいはもっと下のランクの「こま切れ」であったのだ。

青年は貧しかった。

「こま切れ」の表示のあるパックに手を出すときのあの屈辱感。

その屈辱のパックをジャガイモやニンジンや玉ネギといっしょにおばさんに見られたのだ。

おばさんはそれを確認したのち、「ツマンネー奴!」の結論に至ったのだ。

悔しい。

無念である。

悲劇はそれだけではなかった。

悪いことは重なるものなのだ。

その「こま切れ」の表示の上に、ナナメに、大きな赤い字で「見切り品・100円引き」のシールが貼られていたのだ(あくまで推測だが)。

まずかった。

カゴに入れるとき、表示の側を裏返しにしておけばよかったのだ。

後悔の念で胸は張り裂けんばかり。

青年はいま、買い物を終えて下宿に帰ってきたところなのだが、コタツに突っぷしてコタツ板をバンバンたたいている。

わかるぞ、青年! 青春に挫折はつきものなのだ、立ち上がれ青年、コタツから。映画の寅さんならばこう言って青年の肩をたたいたはずである。

コタツに突っぷしてコタツ板をバンバンたたいたあと青年はちゃんと立ち直ることができたのか。

いまとなっては知る由《よし》もない。

◉え？　高級食パン？

菅《すが》首相の長男の初登場にはただならぬものがあった。

週刊文春のグラビアでデビュー。

いまどき超ロン毛、いまどき煙草、しかもくわえ煙草、チョビひげ、ほどけかかったネクタイ……。

いいのかこれで？

仮にも一国の総理大臣の息子だぞ。

こういうチャラ男《お》は新宿や渋谷の盛り場でもめったに見かけないぞ。

仮にもここは永田町関連の高級料亭の前。

放っといたのか、これを、これまで、父親は。

仮にも父親は東北出のダンボール系の苦労人だぞ。

トンビがタカを生むというが、亀がトカゲを生んだのか。

この長男のデビューのおどろおどろしさはまだある。

長男が手にしていた「食パン」。

大きな紙袋に「食パン」と大書してあるから紙袋の中身はまちがいなく食パンである。

これから学校給食か？

何から何までヘン。

週刊誌が報じたこのグラビア全体に漂う一つ一つの「ヘン」を追求していくのがジャーナリズムの仕事である。

ぼくもジャーナリズムの端《はし》くれにいるような気がしないでもないので追求することにする。

まず「食パンの変」から。

日本の歴史では「本能寺

の変」や「桜田門外の変」が有名であるが、令和の時代の「菅の長男のパンの変」もいずれ歴史の教科書に載るようになり、入試問題として「長男の名前は？」などと出るようになるかもしれないではないか（長男の名前は正剛が正解）。

ぼくは知らなかったのだが、いま「高級食パンブーム」だという。

最近街を歩いていてパン屋の前にさしかかると行列ができていることが多いのでヘンだなあとは思っていた。

パン屋がヘン、そういう認識は持っていたのだが、これが「パン屋の変」であるとは気がつかなかった。

いま食パンの値段はいくらか。

スーパーなどで売っている普通のパンは1斤が200円からだという。

なのに高級食パンは1斤800円というのもあるらしい。

いいですか、普通のパンが4個買える値段。

そう考えると驚くが、こう考えるとどうなるでしょう。

菅さんの御長男が手にしていた紙袋はかなり大きかったが、それでも入るのはせいぜい2個。

そうすると2個で1600円。

高級料亭で食事してその帰りの手土産の値段がたった1600円。

虎屋の羊羹だってそのたぐいの手土産ともなれば最低でも5000円はする。

正剛君の判断は間違っていなかったのか。

そのへんの正否は後世の歴史家にまかせることにして先を急ごう。

ただこういうことは言える。

食パンと聞いてまず人々の頭に浮かぶのは学校給食。

学校給食→予算→限られている→ギリギリ→僅少。

　という社会的地位にあった食パンも、ひとたびチャンスさえあればたちまち高級料亭の手土産の地位を得ることができる。

　豊臣秀吉は草履取り（下足番）から出世して太閤（総理大臣）にまで登りつめた。

　チャンスは誰にでもあるのだ。

　食パンでさえ総理大臣の息子とお交《つ》き合いができるようになったのだ。

　底辺に生きるものたちにも光が当たるご時世になった。

　目覚めよ底辺。

　そういえば梅干し。

　梅干しなんてものはどこの家でもおばあちゃんがカメ

に漬けこんで流しの下に放ったらかしにしておくただの保存食だった。

「梅干しばあさん」という言い方は、どちらかというと人を嘲《あざけ》っていう言葉である。

それがいまや盆暮れの贈答品の大黒柱、桐の箱に入れられて一箱何万円、中には1粒3000円なんてものもあるらしい。

昔の猫は猫めしと言って、残りゴハンに味噌汁と鰹節をふりかけたものを食べていた。

そういうふりかけゴハンのふりかけも、そこに創意工夫が加われば「錦松梅」にまで持っていけるのだ。

奮起せよ底辺。

モヤシ君、君だって……エート、エート、急には思いつかないが何かをどーにかして、あれをあーすれば、いずれは正剛君の目にとまって大きな紙袋に入れてもらって高級料亭の前で高級役人に手渡されるようになるかもしれないではないか。

そのころの君は、1袋30円とかの身分ではなく「1本30円」の身分になっていて「1袋5000円」。

頭のところを取ってあるのは8000円。しっぽも取ってあるのは10000円。

そうなってくるとモヤシは一般のスーパーには置いてなくて

紀ノ国屋オンリー。

そうなるように、いまから頑張れよ、モヤシ君。

モヤシでさえああなった、ということになってくると底辺は騒然。

われもわれもと決然。

コンニャクの目の色も変わる。

コンニャクの目はどこについているのかはわからないが、とにかく変わる。

ただ、料亭の玄関でお役人に渡すとき、水がポタポタ垂れてハイヤーの床を濡らすおそれがあるが、そのあたりのことは運転手にまかせればよい。

大根の高級化も考えられる。

大根の場合は紙袋からどうしても葉っぱのところがはみ出る。

葉っぱのところを切ってから渡すか、切らずに渡すべきか、正剛君の迷うところである。

◉お花見はエアで

人間、トシをとってくると依怙地になる。

そっちがそうくるならこっちはその反対でいく、という依怙地。

じいさんの依怙地とはどんな依怙地か。

まず、お上《かみ》による最近の「許してやる」という態度、あれが気に入らない。

コロナの緊急事態宣言を「解除してやる」という物言い。

「解除してやるかわりにあんまりいい気になるなよ」というエラソーな言い方。

これに反発して依怙地になってしまったじいさんがいます。

どこの誰とは言いません、というか、すぐ身近、というか、すぐ目の前、当人に近いけど当人ではないというじいさん。

時あたかもお花見のシーズン。

「お花見に行ってもいいけどあんまり騒ぐなよ。歌うなよ。飲み食いはやるなよ」

というお達し。

「盛大にやってやろうじゃないの、お花見」

じいさんは依怙地になった。

もちろんこのじいさんは良識あるじいさんなのであんまりヘンなことはしない。でも、ちょっとだけする。

お花見に弁当は付きもの。

このシーズンになるとデパートあたりはお花見弁当をいっせいに売り出す。

豪華、高価、2千円、3千円はザラ。

だけど、どれもこれもおいしそう。

だけど、ここでお花見に行ってお花見弁当を素直に食べたのでは依怙地じいさんの名が廃《すた》る。

とりあえずデパートに行ってお花見弁当を買ってくる。

ここまでは素直。

お花見弁当を買ってきて自宅に引きこもる。

引きこもってカーテン引いて部屋を暗くしてお花見弁当を食べる。

ここんとこが依怙地じいさんの意地。

しかし、これも何だか癪《しゃく》だ。

癪にさわる、というのはじいさん特有の心理で、ぼくもわりに好き。

デパートで花見弁当を買ってきてカーテン引いて部屋を暗くして弁当だけ食べてこれをお花見と称する。

どうにも癪。

何とかして仕返しをしたい。

あるんです、仕返しの方法。

弁当も食べない。

弁当さえ食べないお花見。

それでお花見になるのか、仕返しになるのか、という声も当然あると思うが、当人が「なる」と言ってるんだからそれでいいじゃないですか。

当人の話によると〝ざまあみろ〟的な心境になって気が晴れる、と言ってます。

弁当は写真で眺めることにする。

写真で眺めて食べたつもりになる。

とてもリアルで、とてもおいしそうな写真なら食べたつもりになれる。

精神一到何事かならざらん。

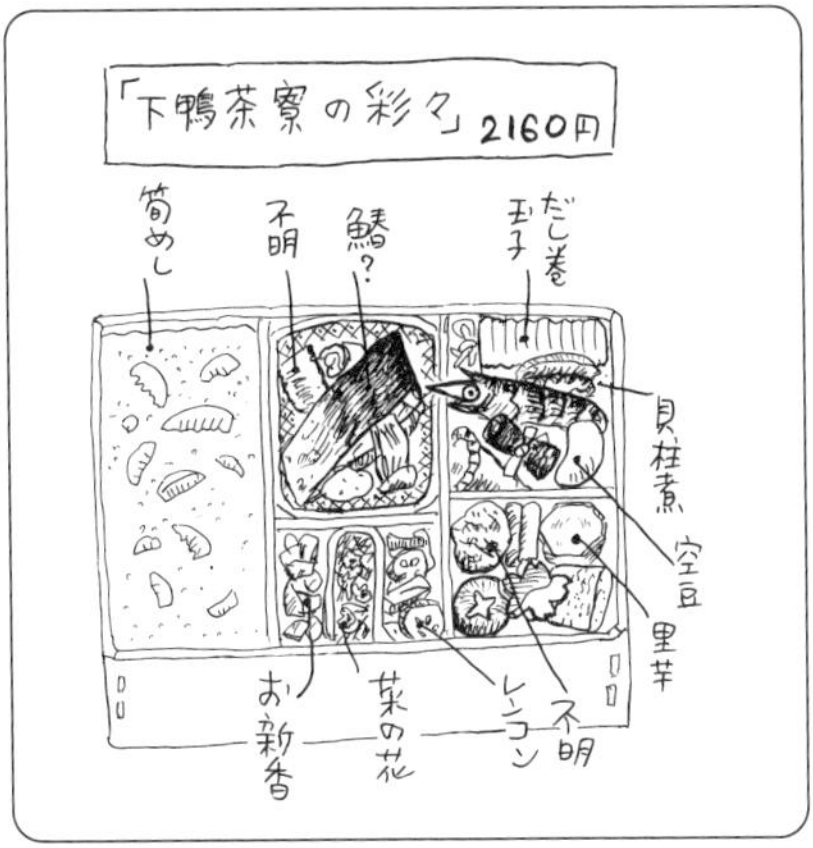

「下鴨茶寮の彩々」2160円
筍めし
不明
鰆？
だし巻玉子
貝柱煮
空豆
里芋
お新香
菜の花
レンコン
不明

人間その気にさえなれば成しとげられないものはないのだ。

時あたかも目の前にグルメ雑誌があった。

「おとなの週末」の最新号（２０２１年４月号）のグラビア、72ページ、題して「春の贅沢弁当」。

まあ、そのおいしそうなこと。

その中の「『下鴨茶寮』の彩々」というのに目がとまった（２１６０円）。

詳細は図のとおり。

どうです、素晴らしいでしょう。

中央の鰆らしい焼きものがおいしそう。

その右の車海老の赤も目を引く。

貝柱の煮物、空豆、菜の花、その右下の肉の塊は何？（ここで虫眼鏡）、わからないままその上の輪っかはイカ？　左側の一画は筍ごはん？

これらの大御馳走群が、なにしろ見るだけなのでタダ。

だが精神一到で完全にその気になっているので、このカーテンを引いた暗い部屋でのお花見は大御馳走の大宴会であることは確か。

桜の花無し、食べものいっさい無し、だけど大宴会。

じいさんの意地。

じいさんの仕返し。

ではいよいよ開宴。

エート、まず何から手を付けるか。

手には箸（持ってるつもり）。

最初はやっぱり鰆だナ、と箸を近づけていく。

このあたりの動きはすべてエア。

エアギターのエア方式で本当に手が動いている。

いや、鰆ではなくやっぱり貝柱の煮物からいくか、と箸がいったん止《と》まったのち貝柱の上に移動していく。

何しろ、一念岩をも通す。

思いこんだら命がけ。

いやいや待て待て、貝柱も後まわしにするというのはどうか、そうだ、そうしよう、貝柱は見なかったことにしよう。

そのために、この貝柱は筍ごはんの中に埋めて見えなくしてしまおう。

こうして埋めておいて鰆の焼きものをこのようにひとかじり（もちろんエアかじり）。

そして車海老。

そして空豆、菜の花、輪っかのイカ、出し巻き玉子、里芋は滑るので落っことさないようにしっかり持って食べて次が椎茸（すべてエアで）。

ここで筍ごはんを一口。

と思って筍ごはんを掘り起こすとそこにひょっこりさっきの貝柱。

そうだ、すっかり忘れていた。

「再会の歓び」、そしてその歓びの表情。

よく考えてみたら、本物のお花見よりエアのお花見のほうがよっぽど楽しいじゃないの。

と年寄りの意地。

◉コンニャクの謎

ふだん何かをしていて（仕事でも何でも）、フト、何かを思い出すことがよくある。

（あした歯医者に行くんだっけ）

とか、

（何だか熱があるような気がするので体温測ってみるか）

とか。

そういうふうに何かを思い出したり思いついたりするのだが、フト、コンニャクのことを思い出したりする人はいるだろうか。

ラーメンならありうる。

だけどコンニャクはちょっと……。

なぜこんなことを書くかというと、大抵の人は、ふだんコンニャクのことをどうこう思っていないからだ。

あってもいいし、なくてもいいし、あれば食べるし、なければ食べないし……。

海外旅行に行ってしばらくすると、

（あー、うな丼食べたい！）
ということはあるが、
（あー、コンニャク食べたい！）
と思う人はいない。
じゃあ日本人はコンニャクにつめたいのか、というとそんなことはない。
日本人はコンニャクと親密である。
日本人はコンニャクと友好関係にある。
日本人はコンニャクと国民的合意がある。
コンニャクは竹馬の友である。
日本の子供はコンニャク

と共に育ってきた。

チビ太を見たまえ。

赤塚不二夫の漫画のチビ太は、たとえ遊んでいてもおでんの串を片時も離さない。

そのおでんの串には常に三角形のコンニャクが刺さっている。

「日本人の子供はコンニャクと共に育つ」

という事実をチビ太が内外に実証している。

と、ここまで、このように日本人とコンニャクの友好関係を語っておきながら、いまさらこのような事実を発表しなければならないわたくしは大変心苦しいのだが、次のような新事実を発表しなければならない。


コンニャクは食べ物ではない。


ガーン!! 衝撃のガーン!!

これまで我が子と信じてきた子供が実は我が子ではなかったのだ。

というぐらいのガーンではないでしょうか。

おでんのコンニャク、あれってチクワとか玉子とか大根とかタコ、ハンペンなどといっしょに食べ物として鍋の中に入っているじゃないですか。

それなのに食べ物じゃないと言うのはおかしいじゃないですかッ。

落ちつきましょう。

食べ物とは何か。

われわれが考えている食べ物の概念を改めて考えてみます。

とりあえず口から入れて食べる物が食べ物。

口から入った食べ物はまず食道を通過し、胃、十二指腸、小腸を通過する途次、その生物の代謝エネルギーとしての役割を果たし、栄養のバランスに寄与し、その生物の成長、育成および生命の維持に関与しつつ大腸を経て体外に出ていく物と考えられる。

コンニャクは、いま述べた必要条件を満たしているだろうか。

体の中を通過しているだけではないか。

そうなってくるとわれわれはコンニャクをどうしても次のように結論づけなければならなくなる。

「コンニャクは食べ物ではない」

世界は愕然、日本人も呆然、学会は暗然（何の学会かわからないが)。

そうだったのか、そう言われて初めて腑に落ちることがないでもない。

コンニャクは、どうもこれまで、何かにつけてコソコソしていた。

たえず物陰に隠れるような生き方をしてきた。

どのような生き方か。

居酒屋に行ってみましょう。

居酒屋にはつきだしが付き物で、小鉢の中にひじきの煮たの、とか、切り干し大根の煮たの、とか、おからの煮たの、モツ煮こみなどが入って出てくる。

これらつきだしを箸の先でホジってみれば諸賢はそこに必ずやコンニャクをこまかく刻んだものを発見するでありましょう。

家庭においては筑前煮、ぜんまい煮、五目御飯などの中に同様の姿を発見することになる。

そうだったのです、コンニャクはその実体がバレないように我が身を切り刻んで、姿をやつして、身を挺して生きる生き方を選んだのです。

コンニャクは我が出自をこれまでずっと秘して生きてきた。

哀れなるかなコンニャク。

その心中を察すれば、不憫なるかなコンニャク。

ここでわれわれはコンニャクのこの生き方を支援するグループの存在を見逃してはならない。

コンニャクの支援グループがあったのだ。

人知れずコンニャクの陰になり日向になって不幸な運命のコンニャクを助けようとする団体があった。

ここでさっきの居酒屋のつきだしといっしょにいた連中を思い出してみましょう。

ひじき、切り干し大根、おから、モツ煮こみの面々。

彼らに紛《まぎ》れることによってコンニャクは世間を欺くことができたのだ。

それじゃあ聞くが、チビ太が手に持っている三角形のコンニャク、あれは堂々その全容を世間に晒しているではないか。

もちろん晒している。

あれは全コンニャクの代表として、あのように身を投げ出して世間の矢面《やおもて》に立っている姿なのだ、とご理解いただきたい。

◉家庭版「聖火リレー」

この夏の2020東京オリンピックはいま混迷の中にある。

コロナでお先まっ暗。

何ひとつ明確にできない渦中にある。

大会の出発点である聖火リレーでさえ、途中で火が消えたりしている。

リレーはやるけど人は集まるな、多少は集まってもいいけどしゃべるな、声援ダメ、拍手だけ。

ここで聖火リレーというものの実態をおさえておきたい。

火のついたトーチを手に持った人が走って行って次の人に渡す。

簡単に言うとこれが聖火リレーというものの全行程である。

駅伝はタスキ、オリンピックはトーチ。

要するに火。

聖火と言うが火は火。

台所のガスコンロの火も火は火。

聖火リレーと似たようなことは、やろうと思えば誰でもできる。

台所ですぐできる。
カップラーメンでできる。
あっちは火で、こっちはラーメンで。
いいですか、始めますよ。
カップラーメンを用意します。
カップラーメンを食べ終えました。
するとツユが少し残りました。
もったいないじゃないですか。
ここにゴハンを投入します。
カップラーメンの残ったスープにゴハンを投入して

食べるのは誰もがよくやること。

ラーメンからラーメンライスへ。

これってまぎれもなく〝リレー〟じゃないですか。

聖火リレーは火が次の走者に受け継がれる。

この場合はスープが受け継がれた。

火とスープの違いこそあれ、やってることは聖火リレーと何ら変わらないじゃないですか。

これをリレーと言わずして何がリレーでありましょうか。

そして、これはまあ、余分なことかもしれないが、聖火リレーのトーチ、あれって一種の筒ですよね、筒の形をしてますよね、そこでカップラーメンのカップを改めて見てみるとこれまた筒、聖火はトーチという筒から筒へ、われらがラーメンライスもまた筒から筒へ。

何という偶然。

恐るべき奇縁。

聖火リレーは各家庭でも実施できることが判明したのです。

大いにやりましょう、ラーメンの〝聖ツユリレー〟を。

糠漬けというものがあります。

各家庭にあります（ない家は無視）。

糠漬けの糠床は姑から嫁へと代々受け継がれていく（そうでない家は無視）。

姑が自分流に作り上げた糠味噌は、もはや何人《なんびと》といえども作りえない貴重な味と香りとなる。

昔の糠床はカメに入れられていた。

それだものだから、火事のときはこれをまっ先に抱えて逃げろ、と言われていたものだった。

アレ？　これは鰻屋の話だったっけ。

そうでした。鰻屋のタレの壺の話でした。

話がたまたま都合よくそっちへいったので鰻屋のタレの話に持っていくことにします。

鰻屋のタレもまさにリレーそのものだ。

創業者が作ったタレが次世代へ、親から子へと継ぎ足し継ぎ足しして受け継がれていくわけだから〝聖タレリレー〟。

さっき台所のガスコンロの火も火は火、聖火も火は火、という話をしましたね。

そういう意味では、鰻屋のタレも家庭の糠床も〝聖なる物〟としての扱いを受けても何の不思議もない、ということになる。

あぶなっかしい論理で話はすすんでゆく。

一般家庭ではゴハンが余るということがよくある。
炊飯器にゴハンが余っていて黄色くなっている、なんてことがよくある。
「チャーハンにして食べるか」
なんてことになる。
そこでチャーハンにする。
ゴハンからチャーハンへ。
読者諸賢はすでに察知したと思うが、これはもう誰がみたってリレー行為そのもの。

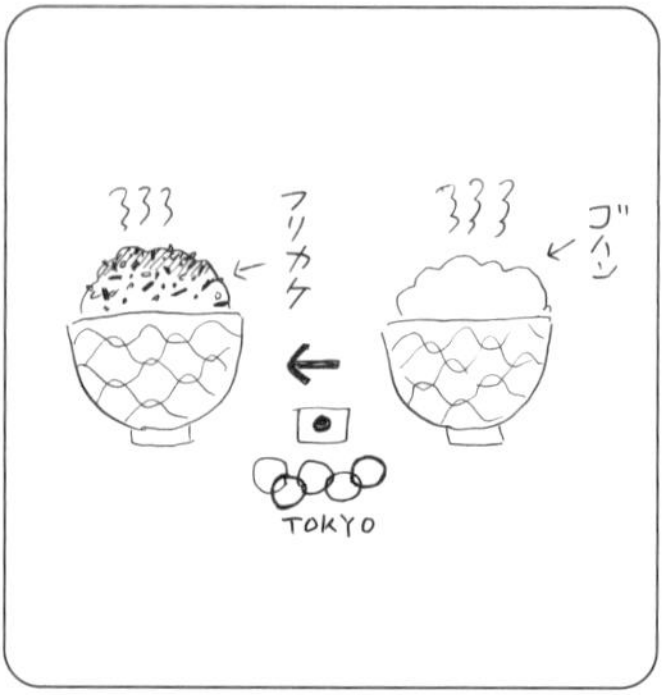

それだけではない。
日本は古来より言われているように豊葦原《とよあしはらの》千《ち》五《い》百《お》秋《あきの》瑞《みず》穂《ほ》の国《くに》。
瑞穂の国とは稲が多く取れる国の意。
すなわち稲は日本の宝。すなわち聖なる物的存在。
こうなればもうしめたもの。
「ゴハンは聖なる物」という論理に立ち向かえる者はもはや一人もいない。
聖なるゴハンから聖なるチャーハンへ。
「聖火から聖火へ」が聖火リレーであるならば、「聖ゴハンから聖チャーハンへ」が聖なるリレーであることは誰の目にも明らかであろう。

さあ、全国民こぞって寿《ことほ》ごうではありませんか「聖火リレー」ならぬ「聖ゴハンリレー」を各家庭の台所で。

無観客のホームステイで。

ゴハンに関してはまだまだ様々なリレー行為が考えられる。

汁かけ飯《めし》。

ゴハンに味噌汁をかけてすすりこむ。

聖ゴハン⬇聖汁かけ飯。

ゴハンにフリカケをかけて食べる。

聖ゴハン⬇聖フリカケ飯。

おにぎりをお茶漬けにして食べるということもよくやる。

聖おにぎり⬇聖お茶漬け。

そうだ、お寿司。

お寿司の酢飯は、ゴハン⬇酢飯⬇シャリ⬇寿司のリレーとなる。

「聖ゴハンリレー」は、やろうと思えば毎日でもできる。

台所で。

◉湯豆腐の〝ぐらーり〟

豆腐ぐらいいろんな食べ方をする食べものはほかにないのではないか。『豆腐百珍』という本があるくらいだから、とりあえず百種。

派手な食べ方もあれば地味な食べ方もある。

いちばん派手なのは麻婆豆腐かな？　いろんな意味で。

いちばん地味なのが湯豆腐。

湯豆腐はとにかく地味、食べ方も地味なら味も地味、食べてる人も地味。

若い人はあんまり食べない。

雰囲気も地味でなければならない。

一人で、しんみり、沈思、黙念。

湯豆腐の鍋を大勢で取り囲んで手拍子、ア、コリャコリャはよくない。

湯豆腐には土鍋が似合う、というか土鍋以外はダメ、柄のところが焦げた古い片手鍋なんてのはダメ、とにかく土鍋。

気分は禅。

まず土鍋に水を張る。

そこに昆布、そして豆腐、
それだけ。

すべて禅の境地で行う。

湯豆腐を食べものと思っている人は多いが、それは誤解と言わねばならない。

久保田万太郎氏の〝いのちのはてのうすあかり〟の方向にもっていくための手立てだと思ったほうがよい。

豆腐は丸ごと一丁そのまま、切ってはならない。

その理由は本文の中程で出てくる。

清澄の水、漆黒の昆布、純白の豆腐、道具立ては揃った。点火。

あとは煮立つのを待つのみ。

やや前かがみになって鍋の中をのぞきこむ。

泡がプクリと浮いてくるのを待つ。

すると……。

それまで静かだった鍋の底のほうに何やら立ち騒ぐ気配があり、やがてそれが泡のようなものになり、泡そのものになったと思った次の瞬間、そのものは、ゆらーり、ゆらーりと右に左に揺れながら上のほうに上《のぼ》ってゆく。

嬉しかったです。

この瞬間を待っていたのです。

湯豆腐の醍醐味はまさにこの瞬間にあると言われています。

なにしろ土鍋、土鍋は土で出来ているのでその隙間という隙間に空気が詰まっていてその空気と水の中の空気がここで出会ったのです。

再会。同胞とのめぐり会い。

その歓びが泡となって鍋の底から浮かび上がったのです。

この湯豆腐の最初の泡の〝ゆらーり〟は湯豆腐ファンの集《つど》いではあまりにも有名で、誰一人として知らぬ者はないと言われている。

「ナポリを見てから死ね」

は有名だが、

「湯豆腐のゆらーりを見てから死ね」

もまた斯界では有名である。

空気たちの再会を祝福しつつ再び鍋の中を見つめる。

すると……。

鍋の中でこれまで微動だにせず、不動の姿勢を保ちつづけてきた豆腐に何やら蠢《うごめ》きが見られたような気がした次の瞬間、
グラリ！

豆腐の肩のあたりがわずかに動いた。

豆腐が肩を震わせたのです。

「山動く」

という言葉があるが、

「豆腐動く」

この感動、この随喜。

実を言うと、湯豆腐を始めた最初の段階からこの〝グ

ラリの瞬間〟を待ちつづけていたのです。

湯豆腐にはファンと言われる人たちがいっぱいいて、その湯豆腐ファンたちにこぞって人気があるのがこの〝グラリ〟であると言われている。

この瞬間は〝巨体が動く〟というところに魅力があるわけで、巨体でなければ魅力は半減する。

もし、ですよ、最初の段階で豆腐一丁を小さく切ってしまっていたら今ごろどうなっているでしょうか。

鍋の中の豆腐全員がグラグラ揺れ出して大騒ぎ、大賑やかになり、見ている人も愉快になってきて思わず手拍子、小皿たたいて「チャンチキおけさ」ということにもなりかねない。

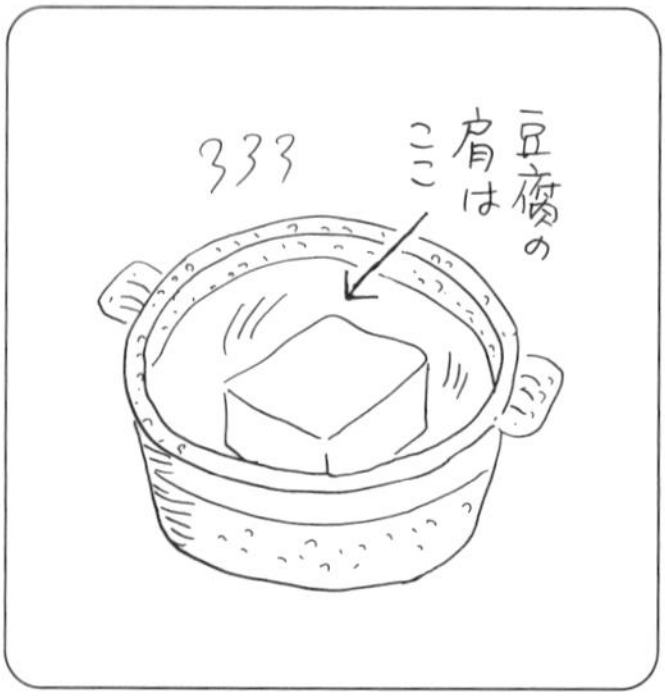

禅の世界が「チャンチキおけさ」になってしまう。

それにしても、あのとき豆腐はなぜ肩を震わせたのか。

これには二説あります。

豆腐はもともとお風呂は熱いのが好きだった。

熱め好きなのに最初はぬるかった。

ぬるい湯にずうっと辛抱していた。そうしたら少しずつ湯が温かくなっていってついに頂点に達したのだ。

その歓びはいかばかりか。

思わず肩が震えるのを誰が止められよう。

もう一つの説には石川五右衛門が出てくる。

豆腐は最初じっとしていた。

水は冷たいし、盟友昆布もいっしょだし、すっかりくつろいですっかり安心していた。

たぶん、草津の湯につかっているような心境だったと思う。

そうしたら湯の温度がだんだん上がってくる。

当然のことだが、そのときの豆腐は石川五右衛門がどういう目にあったかを知らない。

湯はどんどん上昇し、ヘンだと思いつつも我慢に我慢を重ねているうちに遂に耐えきれなくなって飛び上がった。

そのアッチッチが肩の震えとなって表れたのである。

という説。

両説ともに迫真性を帯びており甲乙をつけがたい。

いずれにしても湯豆腐の醍醐味はこの〝グラリ〟までであってその後のことはもうどうでもよく、食べなくてもいい、とさえ言う人もいる。

「湯豆腐は最初のグラリまでなんだなあ」

と、みつをさんの色紙にあったような気がする。

◉タコ焼きのタコは大がいいのか

（人間は更なる大《だい》を望む心が終生止《や》むことはないのだな）

と思った。

タコ焼きを食べながら思った。

タコ焼きの中のタコが小さかった。

自分はもう少し大き目のタコを望んでいたように思う。

もう少しタコが大きかったら、いまの自分はもっと大きな喜びに包まれているにちがいない。

タコ焼きのタコの部分を噛みしめつつ残念でならなかった。

タコ焼きの外観はどれもこれも同じである。

噛んでみて初めて中のタコの大小がわかる。

タコ焼きはそういう構造になっている。

噛む前に、

（大きいといいな）

とか、

（小さかったら悲しいな）

　とか思うわけではないのだが、噛んで小さいとわかったときはやはり寂しい。

　タコ焼きのタコは、極めて小さいのがあり、足の先っぽのところにゴマ粒より小さいイボが寂しく3個ついてるだけ、というのだったりするととても悲しい。

　こうしてみると自分では気がつかなかったが、しらずしらずのうちに「大」を望んでいたのだ。

　タコ焼きはこのように一個ごとに一喜一憂、一個ごとに幸、不幸がおとずれるところにゲーム性があって、そこのところがタコ焼きの楽しさでもある、という人もいる。
タコ焼きに関する思い出のひとつやふたつは誰もが持っている。
泣いた日もある怨んだことも
思い出すだろなつかしく
あー、あー、あー、ターコー、
タコ焼きー
ぼくら、タコ焼きを手に取れば
甘く匂うよー、カーツーブーシーがー
舟木一夫クンにこういう歌も歌ってほしかった。
ここでタコ焼きが製造される過程をおさらいしておきたい。
タコ焼き屋のおにいさんの前におよそ30個ほどの穴のあいた鉄板がある。
その30個ほどの穴に、個別という概念なしにタコ焼きの生地を流し入れる。
そのあと大小様々、乱雑に切ったタコを一個ずつ穴に入れていく。
屋台のおにいさんは片手にタコを摑んでいるが、当然大小さまざま。
ここまで書いてぼくの頭にひらめくものがあった。
このとき、
「あ、待って。その次の穴には、その左手の中のその太くて大きいやつ、そう、それを入れて」

と申し入れることができる制度を今後取り入れるというのはどうか。
そうなれば、この文章の冒頭のような悲劇をなくすことができるのではないか。
待てよ。
そうなってくるといろいろ面倒なことになっていく可能性があるな。
タコ焼きの屋台には客が群がっていることが多い。

タコはタコだが
タコ焼き屋ではなく
印刷会社の
社長
それに対応するために、おにいさんには目にもとまらぬ素早い動きが要求される。
そこに「あ、待って」はどうなのか。
一穴一穴注文を聞いていては素早さは半減どころか渋滞につぐ渋滞、客ブーブーという騒ぎになる。
ウーム……。
こうしたらどうだろう。
タコ焼きに階級制度を取り入れる。
タコ焼きは6個入りが多い。
「6個全部大《だい》でおねがいします」
と注文すると、6個全部大の包みを渡される。
いま手渡された6個入りの包みのずっしりと重いこと、

あったかいこと。
（この包みの中のタコ焼きの中のタコは全部が大である）
と思いつつ思わず笑みがこぼれない人がいるだろうか。
もちろん値段はそれなりの値段になるが、ずっしり重い「全部大の幸せ」を人生で一度は味わってみる価値があるのではないだろうか。

こうなってくるとタコ焼き屋のおにいさんはそれなりの準備をすることになる。

タコの足をぶつ切りにするとき、これまでは何の考えもなく、ただ乱暴に切っていればよかったのだが、以後は大と小を切り分けなければならない。

そのうち、大きければ良い、という考え方も変化してきて「大きくて噛み心地の良い所」というふうに質の問題がからんでくる。

足のまん中あたりより、足のつけ根に近いとこ、が、いいとこ（マグロでいうトロ）というようなことになっていき、どこで獲れた？　ということになり「大間《おおま》の西側のとこ」というようなことになっていく。

「まさか」

などと笑っている人は考えが甘い。

マグロのトロでさえ江戸時代から昭和の初期まで刺身のクズとして捨てられていたというではないか。

ましてやタコ。

タコだからこそ。

なんかヘンだがとにかくそういうことになっていく。

でも、こうなってくるとどうなんだろう。

6個入りのタコ焼きを買う。

最初口に入れたタコ焼きのタコは大であった。

当然大満足。

2個目はどうなんだろう？　という期待も不安もおののきも当然ない。

なにしろ次の大は約束されている。

その次も大。

これってすでにしてタコ焼きではないのではないか。

◉福神漬解散す

かつて流行歌手といえば美空ひばりであり北島三郎であった。

一人で歌っていた。

つまり個人だった。

それがいまは徒党を組むようになった。

グループになった、という言い方でもよい。

いまは解散したがＳＭＡＰとか、ＡＫＢ48とか、それからＥＸＩＬＥとか……。

ここで非常に申しわけないことではあるが、話は急に福神漬になる。

福神漬は広い意味で漬物の一種と考えられる。

漬物といえばタクアン、茄子やキュウリの糠漬、キャベツの浅漬、ラッキョウの塩漬、と、ここまで書いてきてふと気づくのは、いずれも単体であるということ。

キュウリならキュウリだけ、ラッキョウならラッキョウだけ。

福神漬はどうか。

福神漬（酒悦）の瓶を見てみる。

大根、茄子、蕪、瓜、紫蘇、蓮根、鉈《なた》豆の七種類で構成されているということが書いてある。

ＳＭＡＰはどうか。

木村（拓）、中居、草彅、香取、稲垣によって構成されていた。

ここにおいて賢明な読者は気づくにちがいない、あ！　そーか、ここで話が繋がっていくことになるわけなのだナ。

そのとーり、ここで繋がります。

ＳＭＡＰに話を戻そう。

われわれはＳＭＡＰを、

歌って踊る集団として見ていた。

歌も歌ってはいたが、歌声は常に集団としての声で、個人の声はほとんど聞こえてこなかった。

美空ひばりでわかるように歌手の魅力は声にある。われわれは有名歌手の声にうっとりする。

これまでの歌手は声で勝負していた。

フランク・シナトラ、ナット・キング・コール、ルイ・アームストロング、いま思い出してもホレボレする。

キムタクがどういう声だったか、中居クンはどういう声で歌っていたか、誰も記憶にない。

解散してしまったいま、聞こうとしても聞くことはできない。

SMAPは解散してしまったが福神漬は解散してない。

われわれはこれまで福神漬を常に複合の味として味わってきた。

福神漬のツユに漬かった茄子を単独で味わったことはない。

福神漬のツユに漬かった蕪を単独で味わったことがない。

断じてない。

それはこれまで味わったことのない茄子の味であり蕪の味であるにちがいない。

味わってみたいではありませんか。

個々の声（味）を聞こうと思えばいますぐにでも聞ける。

こうします。

福神漬の一瓶を大きめの皿に一挙にあける。

そうしておいてお箸の先でひとつひとつ拾いあげる。茄子なら茄子を、蓮根のカケラなら蓮根のカケラを。

実際にやってみると、これ、大変な大仕事だった。とにかく全部が全部カケラか小片。しかもそれらが全部、福神漬色に染まっているので見分けがつかない。

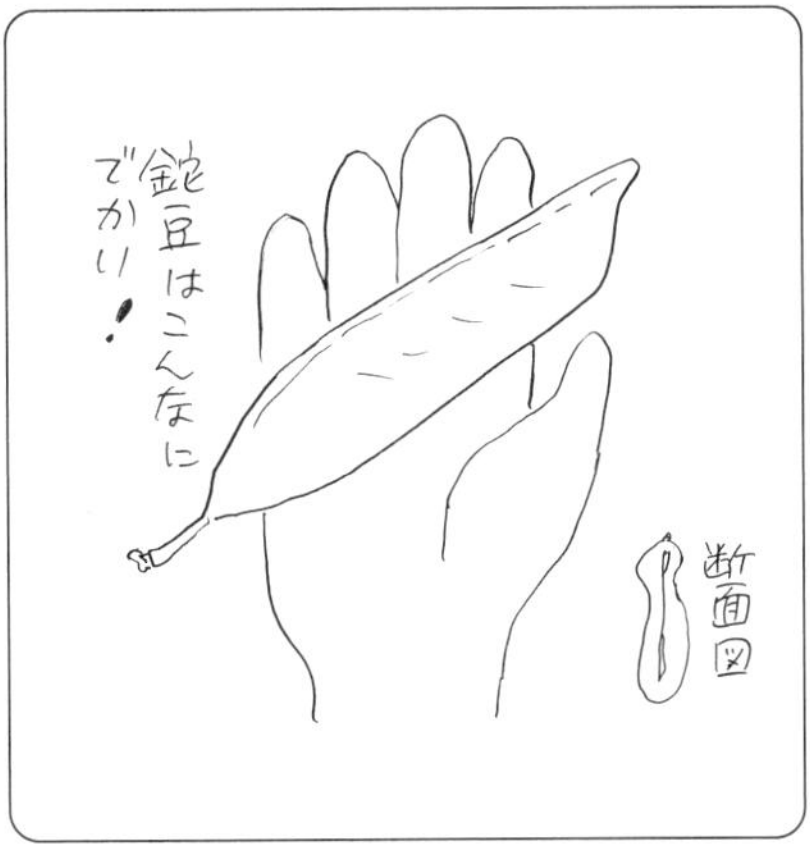

カケラを箸の先で目の高さに拾いあげては矯《た》めつ眇《すが》めつ、遠く離しつ近づけつ、さながら古墳の発掘作業のごとき様相を呈するのであった。

それぞれの味を確認するには小片ではわからないので二片、三片と集めなければならない。

それぞれ大根なら大根、蕪のカケラなら蕪のカケラを三片ずつ集めたとしてもすでに六片。

鉈豆は形が大きいのですぐ見分けがつくが、他はもーみーんなおんなじ形、屑、ゴミ、切れっぱし。

これ、実にもう大変な苦労で、実際にやってみた人じゃないとわからないと思うが（実際にやってみる人はいないと思うが）途中でつくづく嫌になる。

箸の先でようやくつかめるほどの小片を、大根かなと思いつつ拾いあげ、見つめ、それでもわからないので口に入れ、味を見、ようやく大根ではなく蕪らしいというような作業で、古墳発掘以上の難事業であった。

それにしても……。

福神漬という集団をバラバラに解散させるなどということを考えた人はこれまでの日本人にいただろうか。

茄子なら茄子、大根なら大根、蕪なら蕪などの漬物をいっしょに口に入れたらどんな味になるだろうか、と考えた人はいたわけである。

それが福神漬という漬物になった。

そうやってせっかく複合の味というものにたどりついたのに、それを今度はまたバラバラにしてみようというわけだから、いったいこの人（ぼく）は何をしようとしているのか。

そしてその作業が古墳発掘以上の難事業であると嘆いているのだ。

世間はこの人をどう解釈すればいいのか。

だが神はこの人を見捨てなかった。

実においしいのだ。

タクアンを絵に描けと言われればすぐ描けるが
グジャグジャしていて
福神漬を絵に描けと言われたらとても描けない

蕪を例にとってみても、これはもう「福神漬のツユで漬けた蕪」という立派な漬物になっている。

これまでの漬物界に存在しなかった「蕪の福神漬」という、一種の暖簾分けとでもいうような形で商売をしていける見通しが立ったのだ。

もちろん茄子も大根も瓜もそれぞれ暖簾分けとなっていくのはいうまでもない。

福神漬という名前は七福神という縁起のいい名前から取ったそうだ。

こうなってくると、それぞれが独立したわけだから、名前は、エート、エート、と、いま、楽しく考案中。

◉「生ジョッキ缶」出現！

いま、全都大話題、もちろん全田舎でも大話題の「アサヒスーパードライ生ジョッキ缶」、ようやく手に入りました。

なにしろ発売したとたん売れに売れてたちまち出荷停止になったほどの大人気（6月15日から発売再開）。

全身ワクワク、手ワナワナ。

では、開《あ》けます。

あ、その前にこの生ジョッキ缶がなぜこんなに話題になったのかについて説明しておきたいと思います。

プシッと開けただけで泡が沸いて出る。

これまでの缶ビールはプシッと開けてコップに注いだ時点で泡が発生する。

ところがこの生ジョッキ缶はプシッの時点で泡が発生する。

どういうふうに発生するのか。

見たいじゃないですか。

では、開けます。

揺らしたり、揺すったりしないわけです。

テーブルの上にすでに30分以上置いてあります、身動きひとつしてません。

それなのにプシッと開けただけで泡が盛り上がるというのです。

どういう仕掛けなのか。

誰だって知りたいじゃないですか。

では、開けます。

誰もが考えるのが電池です。

豆粒のような電池がフタの裏に付いている。

もしかしたら、それか⁉

では、開けます。

あ、その前に……。

開ける開けるって言いながら開けないのは、もしかしたらワザと焦《じ》らしてんのかッ、と、そろそろお怒りのことと思いますが、正直言って焦らしてます（ちょっとロコツ過ぎたかナ）。

プルトップに指をかけてグイッ。開きました。

この生ジョッキ缶は、フタが全部いっぺんに取れて全開、大穴になる。

オッ！　オオッ！　オオオオッ！（焦らしてません）。オオオオッという感じで、静々と、モクモクと、ゆっくりと、今まで見たことのない白くて好ましい泡が底のほうから沸き上がってきて全開の缶のギリギリのところまで上昇してきてこのまま溢れるかと思いきやそこでいったん止《と》まり、そのあとまた静々と溢れてきて缶の外側をゆっくり濡らしながら落ちてゆく。

お見事！

フタのギリギリのところでいったん止まるなんざぁ名人芸。

2缶あるので2缶試してみたが2缶ともいったん止まった。

それにしても、です。

プルトップを引っぱって開けただけ。

揺すりもしないし、テーブルにドンと置いたりもしてない。

電池も使ってない。

どうして、どういう仕掛けで泡が発生するのか。

缶内が急に明るくなるから、という考えはどうか。

それまでまっ暗だった缶内が急に明るくなる。

気配を察するわけです、缶の中のビールが。

泡の上面しか見えない
残念!
"DRY"
Asah

本人がいまビールを飲もうとしている。

プルトップに指をかけた。

飲む気満々、その気配に缶内のビールが気付いた、ソレッてんでビール全体もその気になって慌てふためいて泡を吹く。

ありうる。

理屈にも適《かな》っている。

メーカー側の説明は、

「缶の内側に何かしています」

ということしか言わないので、缶の内側を指でさすってみたが特にザラザラした感触はない。

むしろスベスベしている。

そこで一缶飲み干して空にし、そこへ新たに別のビールを注ぐとどうなるか。

やはり例の泡は出るのか、出ないのか。

やってみました。

今度は焦らしません。

出ました。

さっきの泡と全く同様のすばらしい泡が沸いて出ました。

やっぱり缶の内側に「ナニカシテアル」のは事実のようです。

でも、メーカー側が、どうしてもその仕組みを国民に公表しないということになったらどういうことになるのだろう。

国会喚問ということになるのだろうか。

それに対して証言拒否ということになったらどうなるのか。

ぼくとしてはそっちの方向に持っていきたいが国民の総意はどうなのだろう。

国民投票まで持っていくのか、いかないのか。

ここから先は生ジョッキ缶に対するぼくの提案です。

せっかくの新発明なのでもうひとふんばりをお願いしたい。

窓です。

缶に窓を付ける。

海底探査の船がありますね、水族館とかの。

船の横に丸くて透明な窓が付いていて、そこから海の中の様子が逐一見える。

縞模様の魚が横切る。

蟹が岩の上を這っている。

ワカメが海底でそよいでいる。

全部丸い窓から見える。

あの窓を生ジョッキ缶の側面に付けるのです。

われわれビールファンはいつだって〝泡を伴ったビール〟を見たい。

だからこそ「神泡」なんてことを言って騒ぐわけです。

グラスで飲むと泡の全体像を見ることができる。すなわち立体としての泡。神泡も見える。

だが、缶だと、上から見るだけなので泡の側面が見えない。

そこで丸窓。

立ちのぼるビールの泡が見える。

「ジョッキ缶」の次は「丸窓付きジョッキ缶」。

メーカーさん、ぜひお願いします。

◉「大問題」

このところ、毎日、昼めしに困っている。

飲食店は軒並み「休業」。

そうだ、あの和菓子屋、あそこでは稲荷ずしを売っている。

お団子や羊羹、葛餅、山菜おこわなどといっしょに稲荷ずしが並んでいるのを通りすがりに見たことがある。

そうだ、きょうの昼めしは稲荷ずしにしよう。

そう思って出かけて行った。

そうしたら、山菜おこわの隣にお赤飯が並んでいた。

わるくないなお赤飯。

とっさにそう思った。

久しく食べてないなお赤飯。

とも思った。

おいしそうだなお赤飯、とも思った。

きょうの昼めしはお赤飯！　稲荷ずしはあっさり見捨てられた。

この店はいつも店頭に店員がいない。呼びかけると奥から出てくることになっている。「すみませーん、お赤飯を……」と言いかけて思いとどまった。大の男が昼まっからお赤飯。稲荷ずしならまだしも、こともあろうにお赤飯。

お祭りにお赤飯なら何とか格好がつくが、平日なのにお赤飯。

こんなに良い天気で風もないのにお赤飯（関係ない

か)。

いろんな思いが頭に浮かんだのだが、正直に告白すると、

「大の男がお赤飯」

ということが根底にあったのは間違いない。

大の男が、羊羹なんかを売っている店先で、大きな声で、

「お赤飯!」と叫んでいる。

恥ずかしいと思わないのか。みっともないと思わないのか。

大の男だろ、キミは。

じゃあ、大の男が和菓子屋の店先で何と叫べば恥ずかしくないのか、ということになってこざるをえない。

「お団子!」は、どうなのか。

「お団子!」と「お赤飯!」とではどっちが恥ずかしいのか。

ということになっていかざるをえない。

女の人から見れば、

「そんなことはどっちでもいいから、さっさとお赤飯を買って帰りなさい」

ということになるのだが、大の男としてはそうはいかない。

大の男はそこんとこにこだわる。

大の男というものは、何をするにしてもまず沽券ということを考える。

この件に関して沽券問題はどうなるのか。

これから行う行動によって、我が沽券が損傷するようなことになるのか、ならないのか。

近所の和菓子屋の店先で、

「お赤飯！」

お赤飯
やっぱりお稲荷さんにすればよかった

と大声を発することによって我が沽券は失われるのではないか。

どうも失われるような気がする。

「あそこのご主人、和菓子屋の店先で『お赤飯！』と怒鳴っていたわよ」

と近所で噂されるとしたら自分の体面はどうなるのか。

ここで「大の男問題」を改めて検討してみる。

大の男の「大」とは何か。

「大の男のすることではない」とか、「大の男のくせに恥ずかしいと思わないのか」

というように使われる。

とりあえず尊称。

「立派な」とか「世間知のある」とか「わきまえた」とか、要するに「社会人として成熟している」という意味を持つ。

男でありさえすれば誰もが「大の男が」という言い方をされる。

品質は問われない。

一方、

「大の女」という表現はない。不平等ではないか。

男は誰でも「大の男」。

女には「大の女」はいない。

うーん、ややこしいことになってきたぞ。

一筋縄ではいかない話になってきたような気がする。

男（ぼく）は和菓子屋でお赤飯を買うだけでこれだけ悩む。

悩みに悩む。

沽券とか世間体とか、果ては近所の噂まで持ち出して悩む。

男が買い物をするとき恥ずかしく思う物は何か。

ぼくの場合はやっぱりお赤飯、それからネギ。豚コマも恥ずかしい。

その豚コマのパックに「値引きシール」が貼ってあるともっ

と恥ずかしい。

それからネギ。

ネギの青いとこをビニール袋からはみ出させて町を歩いていくのが恥ずかしい。

「そんなことのどこが恥ずかしいの」

と女の人は言うが、歩きながらときどき袋の中に押し込んだりして恥ずかしい。

押し込んだのに、歩いているうちにピンとはね返って顔を出したりして、その瞬間を人に見られたりして恥ずかしい。

コンビニで海苔弁を買うのも恥ずかしい。

コンビニ弁当の中で一番安いのが海苔弁なのだ。

レジが若い女の人だと、

「これ安いから買うんじゃなくて、ぼく海苔が好きなのでそれで海苔弁なんです」

と言いたいのをこれまで何回我慢してきたことか。

ここまで書いてきたお赤飯もネギも海苔弁も女の人は「どこが恥ずかしいのよ」と言う。

それにしてもなぜ「大の女」という表現はないのか。

あ、まずいかもしれない。

思いもかけぬ方向に引っぱりこまれるかもしれないのでこのテーマなかったことにしてください（もう間に合わないか）。

◉「サクッと」いこう

鶏の唐揚げの専門店が増えているという。

「フーン、そうなんだ」

では困るんです。

「エーッ？　ほんとにィ？」

と、語尾を思いっきり上げて驚いてもらわないと困る。

だって〝専門店〟ですよ、ということは鶏の唐揚げだけを売っている店ということですよ。

鶏の唐揚げだけで商売しているってことですよ。

場合によっては、一家の家族四人が（三人でもいいが）鶏の唐揚げの売り上げだけで生計を立てているということもありうるわけです。

ここでやっと事の重大さがわかってくれたようなので、よかった。

でもまだちょっと心配なのでもうひと押ししておきます。

コロッケだけを売っている〝コロッケの専門店〟はありません。

メンチカツだけを売っている〝メンチカツの専門店〟もありません。

〝トンカツの専門店〟もない。

これら強豪たちの中にあって、新進、弱輩の鶏の唐揚げが、堂々、専門店として成り立っている。

そういえば最近、町のあちこちで鶏の唐揚げを見かける。

コロナのせいで飲食店はテイクアウトで何とか苦境をしのいでいる。

そのテイクアウトの店頭に並べられているのが鶏の唐揚げ。

あっちでも鶏の唐揚げ、こっちでも鶏の唐揚げ。

そういうわけで、全国的に鶏の唐揚げ専門店急増中。

２０１７年には９２０店だったのが2年後の19年には一挙に１７００店に急増し、目下、更に急増中。

とてもよいことだと思う。

ぼくも鶏の唐揚げめっちゃ大好きだし……。

鶏の唐揚げのどういうとこが好きかっていうと、もういろんなとこが好き。

連中のあの勝手気ままなところ。お店の人も鶏の唐揚げを客に出すとき盛りつけなんてことはこれっぽっちも考えない。

揚げたのをそのまま皿にあけただけ。

唐揚げたちは皿の上に転がされて転がっただけ。

当人たちにしてみれば、どっちを向いていればいいのかわからない。

それより、自分の正面がどこで、どこが横で、どこが裏かも、自分でありながらわからない。

誰も教えてくれないし。

みんな皿の上でウロウロ、ゴロゴロ、マゴマゴ、そういうところも好き。大好き。

自由奔放、勝手気まま。

見ているだけで楽しい。

連中の人柄も好き。

何ていったらいいか全員人柄がいい。

気安いし、気がおけないし、気心がしれてるし、身内のような気もするし、とにかく全員飾らない人柄。

これがステーキなんかだと人柄がガラッと変わる。

態度もガラッと変わる。

上から目線《めせん》ていうんですか、こっちを見下《くだ》している。

トンカツにもそういうところが少しある（トンカツのくせに）。

鶏の唐揚げには、ステーキ的態度、トンカツ的目線がどこにもない。

常に友好的関係。

いつだって優しくぼくらに交《つ》きあってくれる。

皿の上の一同は一見どれもこれも同じ形に見えるが、ようく見るとそれぞれ個性がある。

全体的に丸みを帯びているのもあれば、あちこちやたらにとんがってゴツゴツしているのもある。

人間だと、やたらにとんがっている人は社会的に問題があり、丸みを帯びた人は円満で接しやすかったりするが、鶏の唐揚げの場合はその逆。

鶏の唐揚げのとんがってゴツゴツした部分はちょっと揚がり過ぎている場合が多くカリッとしている。

熱で少しねじれたりしていて、味も他の部分より濃いのでここんとこが格別においしい。この部分めっちゃ好き。

全体的に丸みを帯びていてゴツゴツの少ない塊は人柄はいいかもしれないが味はよくない。

ぼくはそのことを熟知しているので、居酒屋に何人かで行って鶏の唐揚げを頼んだときは、人柄はよくないが味はいい突起の多い塊に狙いを定める。

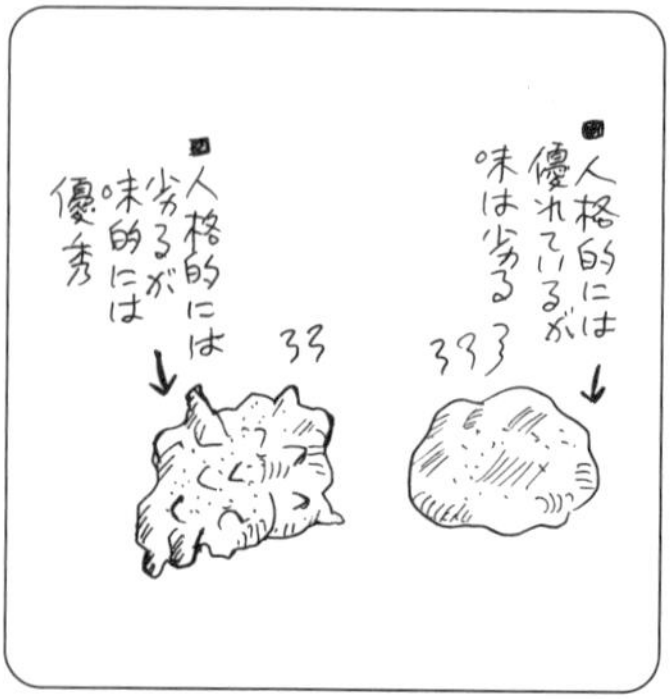
■人格的には優れているが味は劣る
■人格的には劣るが味的には優秀

狙いを定めて密かに箸の先を近づけていくと、そのことを熟知している奴がもう一人いてそいつがそれをサッとさらっていったりするから気をつけないといけない。

チキンナゲットというものがあります。これは成形されているので十個あれば十個同じ形。

形も大きさも厚さも色も焦げ具合も全部同じ。

これが十個皿に盛ってあっても選びようがない。

面白くも何ともない。

みんなちがって、みんないい——

金子みすゞの詩のヒントになったのは鶏の唐揚げだった？

話は変わるが最近「サクッと」という表現をあちこちで聞く。

「今日の昼めしはサクッといきたい」

「今回の会議はサクッと終わらせたい」

「カノジョとはサクッとした関係」

というふうに使う。

鶏の唐揚げの口触りはサクサク。ハンバーグなどと比べてみるとよくわかるが、サクッとした口触りと歯触りと味で人気が出た。

流行語としての「サクッと」と鶏の唐揚げの「サクッと」と何か関係があるのだろうか。

関係はない。

サクッと終わらせました。

◉誇れ！　カニカマ

カニカマが本物のカニでないことはみんなが知っている。

贋物、フェイク、まやかし。

メーカー側も、たぶん、後ろめたい気持ちで作ってるんじゃないかな。

最近はカニだけではなく帆立貝のカニカマ風（ややこしい）もあり、「ほぼホタテ」というネーミングで売っている。

〝ほぼ〟、苦しーなー、辛《つら》いだろーなー、だけど善戦してるなー。

つまり低姿勢、要するにオドオド。

ひたすら頭を下げて、見逃してやってください、と言っている。

と思っていたら「ビヨンド・ミート」という会社があることを知った。

アメリカの話です。

大豆などの植物由来の〝肉〟の会社。

ハハーン、要するにカニカマ系の会社ね、とみくびった人は赤っ恥をかくことになる。

代替肉企業として世界初の株式上場を果たしており（ナスダック市場上場）、この代替肉市場

は今後拡大して2030年までには世界規模で1兆円になると予想する経済研究所もある。

マックと提携して「ビヨンド・バーガー」をまもなく売り出すらしい。

この会社のスローガンは、

環境保全

健康志向

動物愛護

この大義に逆らえる人はいるだろうか。

この会社の主旨に賛同するのがビル・ゲイツ、そしてハリウッド俳優のディカプリオ。

日本のカニカマ界の低姿勢と比べてみてください。

堂々の高姿勢。

なにしろ「ビヨンド」。

「肉を超えた肉」と自《みずか》ら名乗った。

名乗ったもん勝ちなのだ。

設立は2009年というから、いきなりの高姿勢。

こうなってみると、日本のカニカマ関連の会社もオドオドする必要はなかったのだ。

最初から〝ほぼ〟などとビクビクしないで〝代替肉企業〟と大きく出て、環境保全、健康志向、動物愛護を謳えばよかったのだ。

そして「ビヨンド」「肉を超えた肉」と叫べばよかったのだ。

まてよ。

そうなってくるとちょっとまずいことがあるな。

「ビヨンド」の会社は〝植物由来の肉〟でしたよね。

つまり植物から動物へ。

そこに意義があるわけですよね。

その点カニカマはどうか。

カニカマは主として魚のタラの肉で作る。

ということは、動物から動物へということになる。

動物愛護の精神はどうなる。

まずいな。

やっぱりオドオドが正解だったのかな。

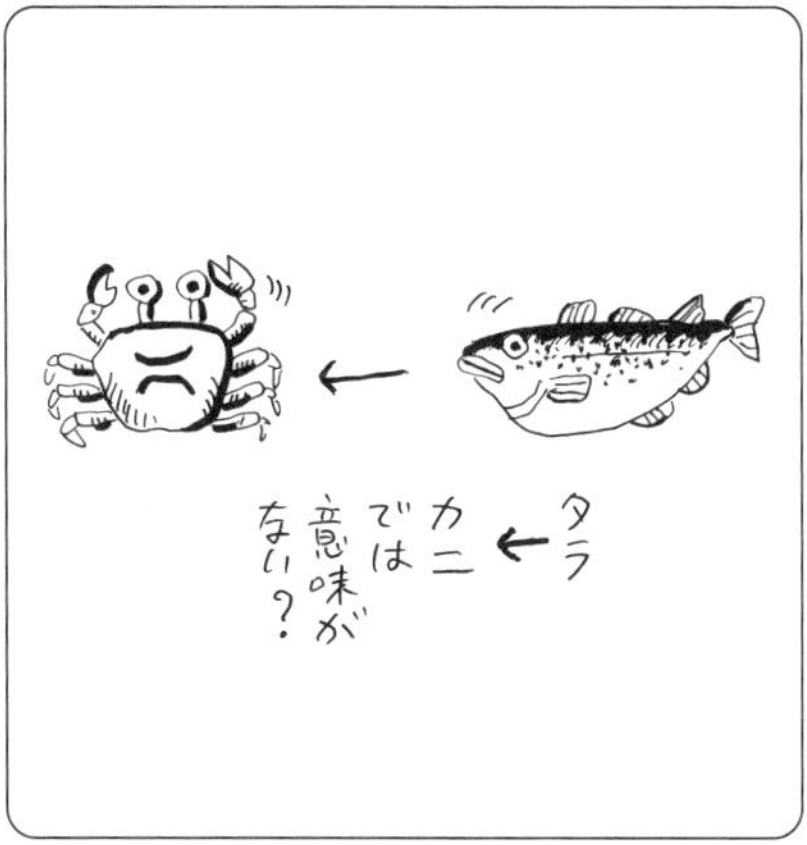

これから先、CO_2の問題もあるし、牛はゲップで温室効果ガスを増やしているというし、人類は動物由来の肉は止《や》めて植物由来の肉を食べていくことになっていくのだろうか。

そうなってくると日本の辞書界も変更を迫られる。

【動物の、皮膚におおわれ骨に付着する柔らかい部分】

に、

【動物の皮膚や骨と関係のない肉もある】

と、しなければならなくなる。

日常の生活でも植物由来の肉が登場することが多くなる。

いまから慣れておく必要がある。

日本でも植物由来の肉はとうの昔に売られている。

マルコメの「大豆のお肉」。

大塚食品の「ゼロミート」。

ハンバーグとしても売られているしミンチでも売られている。

ハムもあるしハムカツもある。

ぼくはこれまで一度もこうした人造肉を食べたことがない。

どんな歯ざわりなのか、どんな味なのか。

初心者にはどれが向いているのか。

不気味というほどではないが何となく気おくれがする。

初心者向け
「ビヨンド・ミート」
?
磯じまん
生姜焼き味
お肉のような
大豆の
おかず

と思いつつスーパーの棚を見まわしていたら、ありました。

ビン詰めのコーナーに「お肉のような大豆のおかず」（磯じまん株式会社）。まさに初心者向き。

買って帰って中をのぞくと、まさに〝牛肉の佃煮〟。

一片が、梅干しを一個つぶしたぐらいの大きさ。

箸の先でつまんでしみじみ見る。

上から下からナナメから。

どう見ても牛肉、牛肉の一片。

色、表面のシワの寄り具合、ねじれ具合、ちぢみ具合、すべて牛肉、疑いの余地〝ゼロミート〟。

口に入れて噛んでみる。

歯ざわり、牛肉そのもの、味、牛肉そのまま、匂い、牛肉ドンピシャ。

十人が十人、いや百人が百人、黙って食べさせれば「ぎゅうつく（牛佃）」と叫ぶはず。

原材料名のところを見る。

脱脂大豆加工品（脱脂大豆、しょうゆ）、砂糖、しょうが、みりん、しょうが風味調味料、発酵調味料、増粘剤、香辛料抽出物……これほど大量の文字を使用していながら「肉」の字は一度たりとも出てこない。

どこかにまぎれこんでいるはず、と思って探したが出てこない。

意地でも出さないぞ、というメーカーの意気込みが感じられる。

こうなってくると、こっち（ぼく）の覚悟が試されることになる。

この肉は本物の肉である、と信じきって食べるべきか。

この肉は、実は大豆などで作った肉なのだ、と思いつつ食べるべきなのか。

人類は新たな試練に立ち向かわなければならないことになった。

◉サルトルと味噌汁

ウカウカしていられない時代になった。
ちょっとウカウカしていると周りがとんでもないことになっている。
たとえばこんなふうに……。
いま、豆腐を手づかみで食べる人が増えている。
エ？　ウソだろ？　と驚いてもダメです。
みんな普通の顔をして豆腐を手で持って食べています。特にコンビニの周辺。
ちょっと待って、ちょっと待って、豆腐を手づかみでどうやって食べるわけ？
豆腐ってだいたい水につかってるよね。冷や奴の状態というか。
そこに手を突っこんで豆腐をつかんでそのまま口に持っていって頬張るわけ？
ビチョビチョになるじゃないですか。
顔中ビチョビチョ、ノドから胸から靴の先までビチョビチョ。
コンビニの周辺はそういうビチョビチョの人たちがいっぱいいるわけ？
ま、落ちつきなさい。

いまから説明します。

「豆腐バー」というものが出現したのです。

「バー」は「BAR」で酒場の「BAR」ではなくて「棒」の「バー」。

アイスキャンデーは棒が付いているので「アイスバー」とも呼ばれる。

「あ、わかった！　豆腐に串が刺さってるんだ」

「つまり豆腐田楽！」

ちがいます！

最初に「豆腐を手づかみで」って書きましたよね。

あくまで「手づかみ」です。

串は刺さっていません。

「豆腐バー」は豆腐メーカーのアサヒコが開発してセブン‐イレブン限定で売り出された。

ここに現物があります。

タテ、ヨコ2・5センチ、長さ約10センチの四角い棒。

これが透明なプラスチックパックに入っていて見ればひと目で豆腐とわかる。

〈お召し上がり方〉袋から取り出し、そのままお召し上がりいただけます
としか書いてない。

パックに「和風だし」という文字が見えるので味はついているらしい。

コンビニの「豆腐バー」が置いてある棚には「棒もの系」の商品が並んでいてサラダチキンも
カニカマも棒状、「おつまみタンスモーク」と称するソーセージ風のものも棒状、「たらこマヨネーズ巻」という海苔巻きも棒状（あたりまえか）、その棚は「棒状コーナー」の観を呈している。

だからこの「豆腐バー」も、そのままパックを剝いて食えということらしい。ので剝いて手づかみで食うことにする。

先端のところを剝いて下の部分を手で持って豆腐のバナナ食い。

汁気ほとんどなし、豆腐なのにムッチリ、そしてモッチリ、和風だしうっすら。

しかし……食べながら思った。

豆腐といえば味噌汁、わたしらはそういう時代に育った。

豆腐はワカメといっしょに（ネギもいっしょ）味噌汁の中にのんびり浮いていればよかった。

あとは湯豆腐、おでん、すき焼きなんかの鍋の中でのんびり湯気を上げていればよかった。

豆腐自身も、生《なま》のまま手づかみで齧《かじ》られる時代がくるとは夢にも思わなかったにちがいない。

ぼく自身も、豆腐を手づかみで食う時代がくるとは夢にも思わなかったのだが、豆腐自身のショックも大きかったはずだ。

豆腐の歴史は古い。

たんぱく質10gの
豆腐バー
和風だし
TOFU BAR
要冷蔵
信じてもらえないかもしれませんがコレ豆腐です

紀元前2世紀という説もあり、いずれにしても2000年以上の歴史を誇っている。

その食べ方も『豆腐百珍』にあるように百様だがその百様の中に「手づかみで食べる」という食べ方は入っていない（はず）。

豆腐には2000年という長い歴史の中で培ってきた物の考え方、信念、哲学があるはず。

自分の本質はかくかくしかじかのものであるという固い信念。

何しろ2000年を経ているわけだからその信念は凛《りん》乎《こ》として固まっているはずだ。

本質とは【あるものをそのものとして成り立たせてい

る独自の性質】である。

豆腐をそのものとして成り立たせている性質は【水の中にユルユルと浮かんでいる】がまず第一に考えられる。

水の中にユルユルと浮かんで2000年を生きてきた。

そうしたら、ここんとこへきて、急に〈水の中にユルユル浮かんでない状態〉にさせられたのである。

当然、その哲学も変更を余儀なくさせられる。

実存がおびやかされたからだ。

実存とは何か。

【事物が現実に存在することそれ自体】をいう。

2000年を誇ってきた本質が豆腐バーによって崩れ、ユルユルでない状態が〝現実に存在するそれ自体〟となった。

サルトルは「実存は本質に先立つ」と言った。

妻のボーボワールは「人は女に生まれるのではなく女になるのだ」と言った。

「豆腐は豆腐に生まれるのではなく豆腐になるのだ」

ここでわたしたちはある事実に気づかざるをえなくなる。

それは〝豆腐には本来の形がない〟ということ。

これまで、ただ四角く（豆腐らしく）切っていただけなのだ。

「棒になった男」という小説がある。

「虫になった男」の話もある。

これまでワカメといっしょに（ネギもいっしょ）のんびりと味噌汁に浮かんでいればよかった豆腐も、これからは変身を余儀なくされることになった。

◉羊羹解放さる

世界に王国はまだたくさんある。

20カ国ぐらいあるという。

王国では王様が一番偉い。

王様は威厳に満ちていなければならない。

どっしり構えていなければならない。

ペコペコしている王様はいない。

パーティなどで小腰をかがめて「ヤー、ドモドモ」などと言いながら会場を泳ぎまわっている人がいるが、王様はこういうことをしてはならない。

お菓子の世界にも王国はある。

当然王様がいる。

お菓子の世界で一番偉いのは誰か。

お菓子全体だとキリがないので和菓子に限定する。

となると、饅頭、大福餅、羊羹、最中、煎餅、どら焼き、あとカステラなんかを入れても、あ

新しい羊羹の食べ方
ニュルニュル
これでも羊羹です

んまり偉そうなのはいない。
いずれも貫禄に欠ける。
だがそんなことは言っていられない。
何とかして重厚、どっしりを探さなければ。
カステラも候補には挙がるが重さでは羊羹にかなわない。
こうなってくるとどうしたってお菓子の王様は羊羹(このへん強引)。
そして羊羹の王様は虎屋の羊羹(このへんも強引)。
数ある羊羹の中でも虎屋の羊羹は威厳に満ちている。気品がある。オーラがある。

そして何より値段が高い。

一本で約7000円というのさえある。

虎屋に限らず羊羹全般に言えるのは品格である。

いつも落ちついている。

いつも静まり返っている。

饅頭やどら焼きが騒いでいるという意味ではなく、湖面のような表面がそういう思いを誘発するのだろうか。

その表面はほの明るく深奥に至るにつれて暗くなっていき、やがて漆黒の闇に包まれる。

谷崎潤一郎が好んだ陰翳の世界がここにある。

そして切り立った鋭い鋭角のエッジ。そこから生まれる緊張感。

ちょっと大げさに言うと思わず息をのむ戦慄。おののき。

一本の羊羹は一棹《さお》と数える。

ただごとではない。

あんな小さな一本が箪笥《たんす》と同格なのだ。

ここまで述べてきたのは菓子界のレジェンドとしての羊羹である。

輝くレジェンドとレガシーと栄光と伝説を誇る羊羹の様子がここへきて何だかおかしくなって

きた。

ヘンな奴が登場したのだ。

「片手で食べられる小さな羊羹」という製品が井村屋から発売されたのである。

商品名は「片手で食べられる小さなようかん」。

虎屋であれば「夜の梅」とか「おもかげ」など高雅な名前がつけられるのに、もう一度書くけど「片手で食べられる小さなようかん」。

まんまじゃないかと言う人もいるかもしれないが、まんま。

ちゃんとした名前さえつけてもらえなかったのだ。

見たまんまでいいんじゃないの、ということで会議にさえかけてもらえなかったのだ。

とりあえず次ページの図を見てください。

小さくて平べったくて貧弱なビニールの袋に入っています。

虎屋であれば竹の皮を模したかの有名な包装紙にくるまれて手厚く保護されるのに対し、こっちは裸同然、駄菓子扱い。

片手の指で袋を押す絵が描いてあり「ココを押すだけ」とある。

更に「真ん中をギュッと押してようかんを絞り出してください」と書いてある。指で押すと袋の口のところから羊羹がニュルニュルと出てくるらしい。

エ？　なんだって？　羊羹がニュルニュル？　歯みがき粉みたいに？　伝統と威厳はどうなる？　仮にも王様だぞ、王様がニュルニュル出てきていいのか。

それに「片手で」というのが気に入らない。

王様を片手で扱っていいのか。

これがもし虎屋の羊羹だったらどういう扱いを受けるか。

とりあえず程のよい厚さに切られる。もちろん銘品のナイフで。

そしてそれが皿の上にのせられる。もちろん銘皿に。

有田焼などの皿に。

そこに添えられるのが黒文字とかの木を削って作った高級楊枝。

身辺高級だらけの高級羊羹を高級な着物を着た高級奥様が「オホホ」などと高級に笑いながら食べるのが虎屋の羊羹。

一方の井村屋ものはどうか。

値段は何しろ1本約40円。

先刻、羊羹は棹で数えると書いたばかりなのに急に1本(安いので本)。

買う場所もデパートではなく近所のコンビニとか駄菓子屋。

買うのはそのへんの洟《はな》をたらしたガキ(いまどき洟をたらしたガキはいません)。

そういうガキが、片手の指でチューブみたいなものを押してニュルニュル出てきた羊羹をペロペロ舐める。

王様をガキが舐める。そういう時代がやってきたのだ。

王様は落ちぶれたのか。

落ちぶれてガキに舐められたのか。

身過ぎ世過ぎのために平べったいチューブみたいなものの中に逃げこんだのか。

耐えがたきを耐え、忍びがたきを忍び、もって万世のために太平を開かんと欲したのか。

ぼくはそうではないと思う。

羊羹を高級おばさんの手から解放し、もって万世の一般庶民への道を開かんと欲したものだと思う。

◉ゴハンに「のっけ」か「追っかけ」か？

日本人の主食はゴハンである。

このことに異をとなえる人はいない。

日本人はゴハンをおかずと一緒に食べる。

このことにも異論をはさむ人はいない。

問題は「ゴハンをおかずと一緒に」の「一緒」の部分にある。

どのように「一緒」か。

今回はこの部分に学術的な視点を当てて考察していきたいと思う。

なにしろ学術的な考察であるから、内容がいくぶん堅くなるが、その点は御容赦を願っておく。

わが研究班の考察によると「一緒」の実態は次のようになる。

「納豆でゴハン」で考えてみます。

日本人には古くから馴染みの納豆でゴハン。

茶わんの中に白いゴハンがよそってあります。

さあ、どういうふうに食べるか。

大抵の日本人は、その白いゴハンの上に適量の納豆をのせ、それをゴハンと一緒に口に入れる。

　ゴハンの上におかずとしての納豆をのせて食べるので、わが研究班はこの方式を「のっけ」と名づけました。

　一方、焼き肉（カルビとか）の場合は「のっけ」とは違った食べ方になる。

　なにしろカルビ（ジュージュー言ってる）、これはもうどうしたってまず焼き肉に手が出る。

　手が出てそれを一口味わ

ったのち、ゴハンに箸をのばすことになる。

焼き肉⬇ゴハンという方式になる。

この方式をわれわれ研究班は「追っかけ」と命名しました。

ここでわが研究班は改めて驚いたことがあります。

「日本人は二千年このかた、この二つの方式でゴハンを食べてきたのだ‼」

別の言い方をすれば、

「日本人は二千年このかた、この二つの方式だけでゴハンを食べてきたのだ‼」

更に別の言い方をすれば、

「日本人は二千年このかた、この二方式以外の食べ方はしてこなかった‼」

民俗学の立場から言ってもこの発見は柳田国男一派でさえ指摘しえなかった日本の歴史上の大発見である、という人もいるような気もするがいないような気もする。

日本の食の歴史、なかでもゴハンとおかずの関係は「のっけ」と「追っかけ」に尽きる、と断言したこのスルドイ論文の実例を、以降、次々に実証していきたい。

イカの塩辛でゴハン。

湯気の上がる白いゴハンの上に茶色いイカの塩辛。

どうです、堂々の「のっけ」ではありませんか。

次は焼き肉でゴハン。

ロースでいきます。

網の上でジュージュー言ってます。

こうなったらどうしたってロースをまず一口。

そのあとゴハン。

どうです、堂々の「追っかけ」ではありませんか。

ここまで読んできた読者諸賢がさっきから「ンダンダ」「ンダンダ」と東北弁でハゲシク首をタテに振っている様子が目に見えるようだ。

マグロの握り寿司。

想像しただけで、

「あ、のっけだ」

と叫んでいる人々の姿が目に見えるようです。

餃子でゴハン。

「『追っかけ』!」

カレーライス。

「『のっけ』」

アジフライ。

「『追っかけ』！」

と続いて、
おにぎり。

「……」

さあ、困った。

「のっけ」……ではないし「追っかけ」……でもない。

「埋蔵」……？「包囲」……？

更に困ったのが出てくる。

海鮮丼。

色んな刺身がゴハンの上にのっかっている。

ぼくの場合は海鮮丼の上の刺身をまず脇へ「退《ど》ける」。

退けてゴハンをほじって食べる準備をしておく。

「のっけ」でもないし「追っかけ」でもないし「退ける」「ほじる」。

どの刺身から食べるかという「仕分け」もある。

「のっけ」「追っかけ」「退ける」「ほじる」「仕分け」……。

まずいな。

あ、もっとまずいのがあった。

牛丼である。

最初はゴハンの上に牛丼の具がのっかっているので「のっけ」と思う人が多いはずだがそのあとに様々な問題が発生する。

つゆだく問題である。

これまでこの論文は「ゴハン」と「おかず」という明確な二者を対立させて論じてきた。

白いゴハン対おかず。

その明確性がつゆだくによってメチャメチャになる。

特に丼の底のほうがつゆだくでメチャメチャ。

つゆで染まってもはや白いゴハンではなく、ではただの汁かけメシかというとそこにはいくらかの肉の小片も混じっており、じゃあ、それがおかずか、と言われればそうですというわけにもいかず、とにかくあたり一帯は「のっけ」とか「追っかけ」とかの状態ではない。

そこに紅ショーガは「のっけ」なのか「追っかけ」なのかということになって頭の中は大混乱、大錯乱。

柳田先生まで持ち出して大口たたいて申しわけないことだった。

もともと食事は様々な材料を様々に工夫して様々な食べ方で食べてこそおいしいのだ。

出直してまいります。

◉「おいしそう!」が出るとき

おいしそうな食べ物が目の前に置かれると、

「おいしそう!」

という言葉がつい口をついて出る。

五人がテーブルに着いている場合は五人が五人いっせいに、

「おいしそう!」

の大合唱になる。

魂の叫びであり人生の讃歌でもある。

「おいしそう!」と叫びながら五人が五人前のめりになる。

腰が半分椅子から浮く。

ヒトの心をここまで突き動かす食べ物とはどんな食べ物か。

そんじょそこらの食べ物ではヒトは前のめりにはならない。

居酒屋でもヒジキの煮たのが小鉢でツキダシとして出てきて、前のめりになって「おいしそう!」と叫ぶオヤジはいない。

ヒトをして「おいしそう！」と叫ばしめるそれなりの食べ物でなければならない。

ぼくの場合ですか。

それはもうとっくに決まっています。

鰻重！

どうです、すでにしてこの重厚な響き「うなじゅう！」。

「うな」だけでももう充分重々しい響きなのにそこへ「じゅう」と来るからここで思わずひれ伏したりするヒトもいる。

鰻重がたった今、テーブ

ルの上に置かれました。

出来たてなので重箱からかすかな湯気。

フタがしてあります。

天重の場合は海老の尾《し》っぽがはみ出るおそれがあるのでフタなしの場合もあるが鰻重の場合は必ずフタ。

演出なのです。

いきなり顔を出したんじゃ世間に示《しめ》しがつかない。

フタを両手ではさんで持つ。

それをそのまま垂直に持ち上げる。

そうするとどうしても拝むような格好になる。

ので、目をつぶってそのまま拝む。

目を開けると眼下には光り輝く鰻の蒲焼き。

夢にまで見たあの飴色、艶、照り、輝き、そして、おー、この厚み、ちょっとめくってみましょうか、すると、ホレ、このように撓《しな》ってめくれてタレとともにゴハンの上に撓垂《しなだ》れかかる。

立ち昇る湯気とともに鼻孔をくすぐる蒲焼きのあの匂い。

ここでヒトをして「おいしそう！」を叫ばしめた必要条件を整理しておきましょう。
①色、②艶、③照り、④輝き、⑤厚み、⑥撓り、⑦湯気。

そこに加わる⑧匂い。

これだけの条件があればもう充分、これだけの条件を備えた食べ物を目の前にして「おいしそう！」を叫ばないヒトはいるでしょうか。

次がステーキ。

ステーキもまたヒトをして「おいしそう！」を言わせずにはおかない。

鉄皿にのった分厚いステーキがジュージュー音を立てながらテーブルの上にのっている。

厚さ3センチ。

ケチケチせずに5センチにします。

鰻重のときの必要条件すべて具備。

色、艶、照り、輝き、厚み、撓り、湯気、匂いのすべてが具備されている上に音まで加わった。

そうです、ジュージューです。

鰻重は音がしなかった。

こうなってくると、

「鰻重とステーキをいっしょに食べれば『おいしそう！』の必要十分条件を満たすことになる」

という真理が人類史上新しく発見されたことになる。

こうなったらもう天下無敵、もう恐いものは何もないぞ、かかってこい、という真理も打ち出されたことになる。

寿司はどうか。

マグロの大トロの握り。産地は大間。

ちょっと図鑑を見てみます。

おー、堂々の①色、②艶、③照り、④輝き、⑤厚み……やっぱり「厚み」のところにはどうしても目がゆく。

厚いと感激する、という人類の共通心理がここでも働いているのだ。
⑥撓りもちゃんとある。
ネタを剝がしてみればちゃんと撓る（寿司屋のオヤジには怒られるけど）。

大トロの握りもまた「おいしそう！」系の食べ物の立派な一員であることがこれでわかる。

と思ったが、まてよ、マグロの大トロの握りには⑦湯気がない。残念ながら寿司から湯気は立たない。

まてよ、音も必要条件ではなかったっけ。

ステーキのジュージュー。

寿司は音がしない。

ひっそりと付け台に置かれて静かにしている。

こうなってくると、今回ここまで積み上げてきた「おいしそう！」の理論のすべてが、ガラガラと音を立てて崩れることになってしまう。

そして、ここに厳然と、ここまでの理論のすべてをくつがえす新事実が浮かび上がってくる。

この新事実にわたくしは科学者として目をそむけるようなことはしたくない。

結局こういうことでした。

恥ずかしながら発表します。

「おいしそう！」の根元には値段がからんでいる。

だってそうじゃないですか。

ものすごくおいしそうな餃子が目の前に現れたとします。

いっしょにシューマイとレバニラ炒めも。

でも、餃子やシューマイやレバニラ炒めでは前のめりになって「おいしそう！」にはならない。

鰻だからこそ、ステーキだからこそ、大トロだからこそ「おいしそう！」と前のめりになる。

◉ラクはダラクの種？

またしても妙なものをコンビニで発見！

「らくたべポケット」の「超カリカリＰＲＥＴＺ」というもの。

説明します。

とりあえずプリッツです。

プリッツなんだけれども食べ方に工夫を加えた。

図を見てください。

ふつう、プリッツというものは、箱のフタを開けてそこに指を突っこんで１本か２本つまみ出してそれをポリポリ食べる（３本でもいいけど）。

のだが、この新工夫ものは、箱の裏に図のようなポケットを付け、そこから少し突き出たプリッツを指でつまんで食べる。

つまり箱の中に指を突っこむことなく、ヒョイと指でつまめるところがミソ。

指を突っこむと突っこまないでは大違い。

ものすごくラク。

ここまで面倒をみる
OPEN
PRETZ
らくたべポケット
PUSH
ナナメ
ナナメに立ちあがっているのでつまみやすい

実際にやってみると、角度もつまみやすいようにナナメに上を向いているのでめっちゃラク。

　消費者にラクをさせたい、ほんの少しでもラクをさせてあげたいという親切心というか親心というか商売心というか。

　消費者に少しでも気に入られたい、そのためには何でもします、お手間はかけさせません、こちら側で出来ることは何でもやっときます、エ？　ネギですか、ネギを刻むのは大変ですよね、こちらで刻んでおきます、ということで生まれた商品が「刻みネギ」。

トウモロコシを焼いて食べるのはいろいろ面倒でしょうからこちらで焼いておきます、というのが「焼きトウモロコシ」。

甘栗を剝くのは大変な苦労。

そこでこちらで剝いておきます、というのが「甘栗むいちゃいました」。

この商品などは奉仕している立場なのに「ちゃいました」などと謙遜して照れているところが微笑ましくさえある。

「らくたべ」のプリッツは、

「ラクに食べさせようと思っちゃいました」

ということで、思っちゃったことを反省しているところが痛々しい。

つまり甘やかすわけです、メーカーは、消費者を。

この先、このサービスがどうなっていくか予測がつきません。

が、こういうことは予測できます。

ウーバーイーツがいま大流行《はやり》だが、この先こういうことになっていく。

いまのところ配達員は男性が多いがそのうち女性の配達員が増えてくる。

餃子の場合は家の中にまで配達してくれて、タレをつけて「アーン!」をしてくれてアーン賃を取るようになる。

だけど、この流れ、この甘やかし商法、これでいいのだろうか。

ここで急に徳川家康に出てきてもらいます。

彼は言った。

「人の一生は重き荷を負うて遠き道を行くがごとし」

人の一生は楽あれば苦あり。

ラクばかりして一生を終えることはできない。

水戸黄門はテレビドラマの中で歌った。

〽人生楽ありゃ苦もあるさー
二宮尊徳は勤労の大切さを説いた。

たとえ働いているときであっても勉学に励むべし、と、薪《たきぎ》を背負って歩きながらも本を読んだ。

相田みつをさんの色紙にも「働いているときにころんだっていいじゃないか」というのがあったような気もするが記憶ちがいかもしれない。

日本の諺《ことわざ》ベストテンの中に入るといわれている「可愛い子には旅をさせよ」というのも、要するに「苦労をさせよ」ということである。

日本人の道徳の理念はおおむねこのようなもので出来上がっている。苦労は大切、苦労のない人間はロクなものじゃない。

「若いときの苦労は買ってでもしろ」

という諺もある。

近年では「苦労人である」ということが評価されて総理大臣になった人もいる。

そういう道徳観で日本人はこれまでずうっとやってきた。

それなのにここへきて、

「ネギを刻むのは大変な苦労なのでこちらで刻んどきますね」

という考え方はどうなのか。

甘栗を剝いちゃいましたと言って赤面している甘栗業者を放っといていいのか。

餃子にタレまでつけて「アーン！」をしてくれる配達員はどう評価されるのか。

プリッツの箱にポケットまでつけて取り出しやすくするのはいいことなのか、よくないことなのか。

このへんでこれらの風潮を再検討すべき時期がきているような気がする。

この風潮をこのまま放っておいていいのか。

家康や尊徳やみつをの教訓をいまこそ思い出すべきときなのではないか。

ではどうすればいいのか。

とりあえず何から始めればよいのか。

苦労を厭《いと》わない、ということから始めなければならない。

敢えて苦労をしようとする心。

苦労で自分を鍛えようとする精神。

ラクをしようなどと思わない意志。とりあえず「らくたべポケット」を箱から取りはずしましょう。

箱のフタをわざと開けにくくする（ノリなどで）。

苦労に苦労を重ねたのちようやく一本取り出して食べる。

あらゆるメーカーが敢えて不便利商品だけを生産する。

そうやって、みんなで苦労をしようというのはどうでしょうか。

◉機械はしゃべる

いまの世の中、家のあっちこっちからいろんな機械の声が聞こえてくる。

電気釜から、「ゴハンガタケマシタ」

冷蔵庫から、「トビラガアイテマス」

洗濯機から、「ダッスイヲシマス」

浴槽だって黙っていない。

「オフロガワキマシタ」

どこでどう覚えたのか、「オイダキヲシマス」

「追い焚《だ》き」って、昭和の言葉じゃなかったっけ？

ここでフト気がつくことがある。

〈こうした機械の声はすべて女の人の声である〉

そうだったのだ、〈機械の声は女の人の声〉という常識がいつのまにか世間一般に浸透していたのだ。

なぜ機械の声は女の人の声なのか、男の人の声ではダメなのか。

これら機械の声は、いわゆる家電から発せられることが多い。
電気釜しかり、冷蔵庫しかり、洗濯機しかり……。
家電を使うのは女の人の場合が多い。
だったら、むしろ男の人の声のほうが好まれるのではないか。
たとえば低音の魅力で知られた若山弦蔵の声。
あの低音で電気釜が言う。
「ゴハンガタケマシタ」
田中角栄が例のダミ声で、
「マー、コノー、イマゴハンガタケタワケダ」と新潟訛りで言う。

これだと政治好きの男性ファンにも人気が出るのではないか。

なぜ機械の声は女の人の声なのか、ということに対しては、一応ちゃんとした答えがあることはある。

「女の人の声はトーンが高いので音の通りがよい」

それはそれでわからないではないが、どうもそれだけではないような気もする。

それともう一つ気になることがある。

しゃべり方があまりにも機械的で人情味がないということ。

なるべく感情を出さないように、事務的にしゃべる。

もっとクダケタしゃべり方ではいけないのか。

機械は私情を嫌うのか。

人間が機械の私情を嫌うのか。

家事は楽しく、というのが近来の日本人のライフスタイルである。

覚えておられるだろうか、だいぶ前に「愛して愛して愛しちゃったのよ」という歌謡曲（作詞・浜口庫之助）が流行《はや》ったことがある。

だいぶ古い話で恐縮なのだが、和田弘とマヒナスターズというグループをバックに田代美代子が歌う〽愛しちゃったのよ、ラランランランという歌詞の歌。

このメロディーが電気釜から流れるというのはどうか。

〽炊けちゃったのよ、ラランランラン。

なんなら、この歌詞のあとに「ウッフン」を入れてもよい。

「炊けちゃったのよ、ラランランラン、ウッフン、ウッフン」

これだとおとうさんも率先して家事をするようになってキッチンには歌があふれることになる。

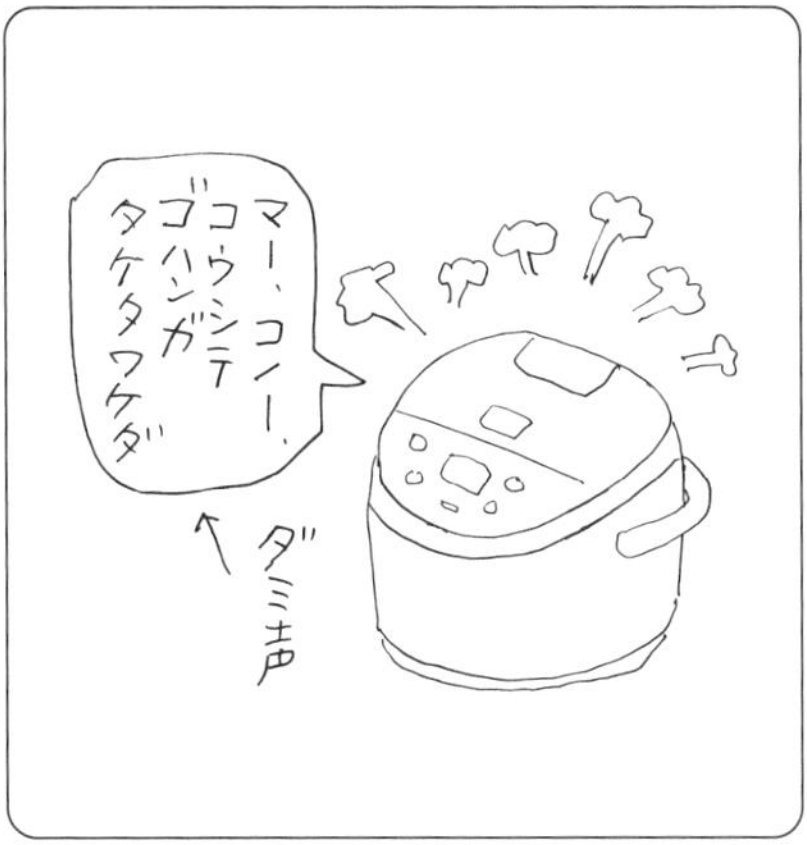

　ここでまたしてもフト気がつくことがある。

　このようにいまのキッチンは機械による人の声に満ちあふれているというのに、ただ一人沈黙を守っている家電が一つだけある。

　電子レンジである。

　電子レンジはしゃべらない。

　しゃべる電子レンジもあるのかもしれないがぼくはこれまで一度もそういう機種に遭遇したことがない。

　しゃべらない代わりに「ピー」という音を発する（電子レンジはチンだと思っている人は多いが実際はピー）。

　ぼくはこの態度が気に入らない。

　横柄というか、横着というか、自分自身は手を下《くだ》さないという態度。

自分は何もしないでその役割を音に丸投げしている。エラソーに。

「レンジで2分」のパックめしをレンジに入れて2分経つと「ピー」と鳴りそれを放っておくと
また「ピー」と言う。

何となく居丈高である。

「早くしろ」と言っている。

そのまま放っておくと、また「ピー」。

「モタモタするな！」

と言っている。

音も前より大きい（ような気がする）。

4回目の「ピー」。

今度は音が急に小さくなった（ような気がする）。

反省したのかもしれない。

これまでの非礼を詫びているような気もする。

ここで教訓を得た。

機械に下手《したで》に出てはならない、ということ。

でもよく考えてみると、やっぱり電気釜や冷蔵庫の声は女の人の声のほうが合うような気がする。
家庭的だし、和やかだし、案外正解なのかもしれない。
大がかりな機械だったら女の人の声は合わないかもしれない。
と思っていたら、ありました、大がかりな機械から女の人の声。
ダンプカーです。
あのでっかいダンプカーが左へ曲がろうとしている。
そのとき、
「左へ曲がります」
「左へ曲がります」
としつこく言う。女の人の声で言う。
左へ曲がるのはもうわかった、と言ってるのに女はしつこく言う。
だが運転しているのはヒゲ面のむくつけき大男である。
いいのか、あれで。

◉「カレーなる電話」

コンビニで「夜遅カレー」なるものを発見。

このところ〝コンビニ探検〟に勤《いそ》しんでいる。

何か珍しいものはないか。

珍奇なものが新しく発売されてないか。

コンビニというところは必要なものがあるとそれを買いに出かけて行くところである。

そういう必要に迫られて出かけて行くのではなく〝探検に行く〟。

コンビニはそういう奇特な人にもちゃんと応じてくれる組織である。

探検隊長は当然ぼく。

本連載のつい最近の号で「指でニュルニュル圧《へ》しぎ出して食べる羊羹」というのを報告したが、あれもこの探検の成果の一環だったのである。

「夜遅カレー」はカップ麺の形をしている。

大きさは普通のカップ麺の半分。

隊長はそれを手に取って調べる。

「電子レンジで一分（500W）」

「やけどに注意」

「夜にやさしく、野菜たっぷりのポタージュ仕立て。あめ色玉ねぎの甘みとブイヨンのコクがとけ込んだ、とろっと濃厚なカレーです」

要するにカレーのソースだけでライスは付いていない。

それらの文言を容器から読みとると隊長はそれをカゴに入れた。

そのときの隊長の表情に、やや醜い薄笑いが浮かんでいるのであった。

隊長は昭和生まれの老人であった。

老人というものは、えてして僻《ひが》みっぽくなっている。

それゆえに根性もやや曲がっている場合が多い。

「いじわるばあさん」という漫画があるが意地悪なじいさんも多い。

市役所の窓口とか、デパートの売り場で怒鳴っているじいさんをよく見かける。

某月某日、「夜遅カレー」の会社の「お客様相談センター」の電話が鳴る。

係の女性が受話器を取る。

「あー、モシモシ、わたしはたったいま、コンビニで御社の『夜遅カレー』を買ってきた者だがにぃ」

少し声色を使っている。

「いつもありがとうございます」

「この『夜遅カレー』は、夜遅く食べるカレーという解釈でよろしいのかにぃ」

「ハイ、けっこうでございます」

「もし、これをだにぃ、わたしが早朝、たとえば朝の四時に食べたとしたらどういうことになるのかにぃ」

「それはそれで、いっこうに差しつかえございません」

「そうするとだにぃ、『夜遅く食べる』という設定はどういうことになるのかにぃ」

大体において老人というものはヒマをもて余しているものである。

ヒマがたっぷりあるので、ときにはこうしたクレームを楽しみの一つにしている老人は多いらしい。

クレームの手順や展開、相手の弱点などを調べ上げ研究に研究を重ねたのちに電話をかける。

ここで一言、断っておきたいことがある。

テレビの画面にときどき、

「この物語はフィクションです。実在の人物及び団体とは関係ありません」

というテロップが流れるが、この「だにぃ」の老人と当該クレーム担当嬢とのやりとりもまたフィクションであって、実在の人物及び団体とはいっさい関係のないことをここに明記しておきます。

クレームは続く。

老人は相手の弱点を衝《つ》いたのだ。

相手は「夜遅」を明記した。

カレーというものは、いつどこで食べてもよい食べ物の代表といわれている。

実際に豊洲の魚河岸の周辺には寿司屋も多いがカレー屋もいっぱいある。

朝の四時に大勢の人がカレー屋でカレーを食べている。

「だにぃ」の老人は、これからそこのところを追及するつもりであった。

いま電話をかけている相手はクレーム対応のベテランかもしれないが、こっちだってヒマにあかせた年寄りだ。

「夜遅」を標榜しておきながら「早朝」も「それはそれでいっこうに差しつかえございません」で済むことなのか。

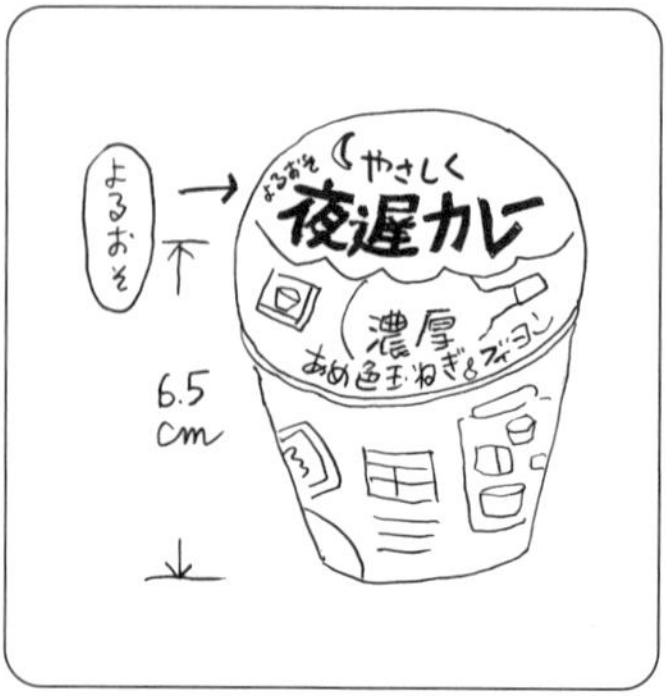
よるおそ
よるおそ やさしく
夜遅カレー
濃厚
あめ色玉ねぎ&ブイヨン
6.5cm

ここで一呼吸おいて、

「責任者出てこい！」

に持っていく、というシナリオだった。

だが待てよ。

電話の相手は毎日毎日こうしたクレームに対応している超ベテランである。

多分、あの問題を持ち出してくるにちがいない。

あの問題とは「午後の紅茶」である。

「午後の紅茶」もまた「午後」という限定をしている。

紅茶もまたいつどこで飲んでもいい飲み物である。

「そういう例もございますので」

と言い逃れをするはずだ。

それに対応する答えもこっちは準備している。

「あちらは英国という国の伝統を踏まえているのに対し『夜遅』には伝統がないのではないかにぃ」

それより何より、こっちは相手の最大の弱点を握っている。

「夜遅」と書いてあるが何と読むのか、読み方がわからないではないか。

某月某日、またしても当該メーカーのクレーム係の電話が鳴る。

「何と読めばいいのかにぃ。ヨルオソ？　ヨチ？」

「カップのフタの左の上のほうに、小さく『よるおそ』と書いてございますが」

しばらくの沈黙のあと電話が切れた。老眼鏡を取りに行ってたらしい。

◉醤油の力

暑い。

だるい。

何もしたくない。

だけど腹は減る。

そこで何か食べに行こうと思うのだが外は暑い。

それにコロナ。

コロナで外食ができない。

できないわけではないが緊急事態が宣言されているので食べ物屋はビールを出さない。

ビールなしで食事をするなんてことはぼくには考えられないし、ありえない。

どんなふうにありえないかというと〝醤油をかけない納豆でゴハンを食べる〟ぐらいありえない。

〝卵かけゴハンを醤油なしで食べる〟ぐらいありえない。

〝マグロの大トロに醤油をつけないで食べる〟ぐらいありえない。

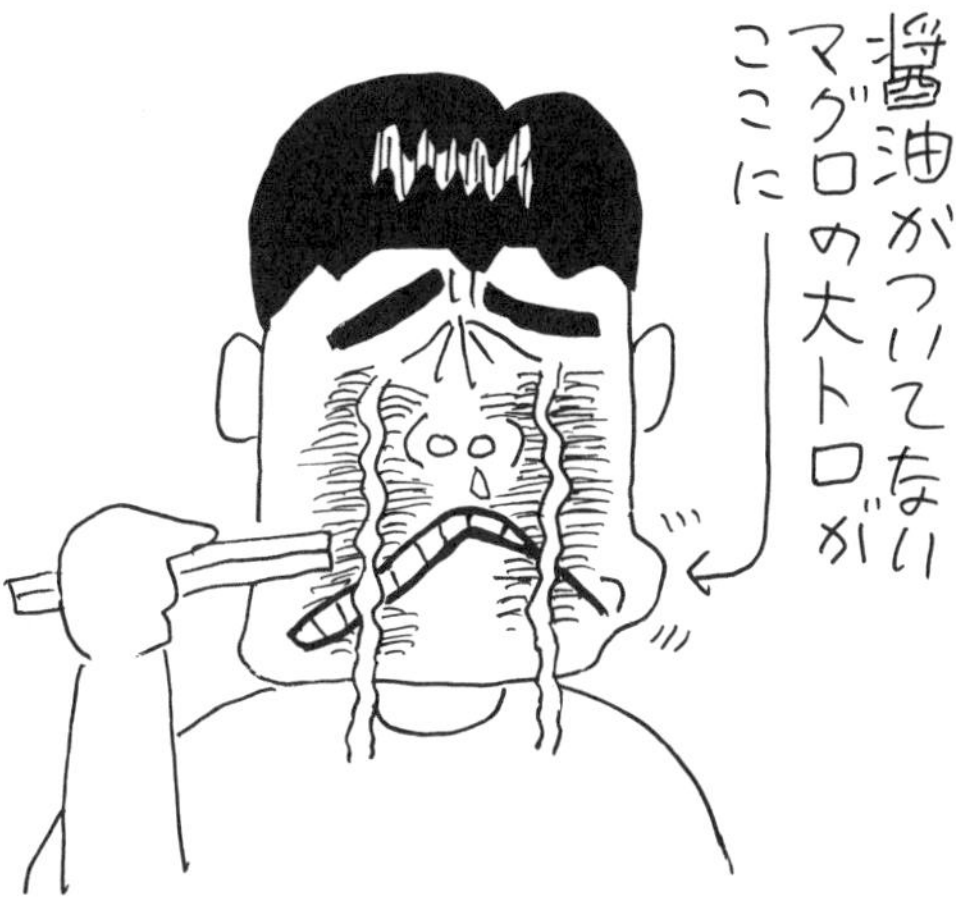

そんな大げさな、と、あなたはいま思ったでしょう。
あなたは、醤油なしで食事をすることの恐ろしさをまだ知らない。
ぼくは実際にやってみました。
まず〝醤油をかけない納豆でゴハンを食べる〟をやってみました。
納豆を徹底的にかき混ぜる。
納豆からは白い泡、白い糸、無数。
醤油をかけないでかき混ぜる納豆は、いつもの景色と違って白一色。

とりあえずゴハンを茶わんによそう。ゴハンから湯気。

ゴハンの上に白く泡立つ納豆をのせ、箸で一口分にまとめて口のところへ持っていく。

口を開ける。

口を閉じる。

噛めない。

噛もうとするのだが噛めない。

もし噛んだらどういうことになるのか。

大体の予想はつく。

口の中一杯に味のないネバネバニチャニチャがひろがるであろう。

それらがヌルヌルニュルニュル舌の上をぬめりまわるであろう。歯と歯の間でつぶれて更にニュルニュルグチャグチャになるであろう。

いいことなどひとつもないのだ。

でも乗りかかった舟だ。

噛む。

何と表現すればよいのであろうか。

これまで経験したことのない口中の混乱、動乱、鳴動、蠢《うごめ》き。

おいしい、とか、おいしくないとかの範疇を超えた味……味なのだろうか、これは。

食べ物と言えるのであろうか、このものは。

衷心よりご忠告申しあげる。

くれぐれも試してみようなどと思わないように。

次は〝卵かけゴハンを醤油なしで食べる〟。

ゴハン茶わんにゴハンを盛る。

納豆を練るときは
中を確かめてからに
しましょう

その上に卵をコンして割って落とす。

本来であればここに醤油をタラタラ振りかけて食べるのであるが振りかけない。

目の前に醤油差しがあるのでついそれに手が伸びそうになるのだがこらえる。

醤油のかかってない生卵とゴハンをかき混ぜて口のところへ持っていくのだが、目がしっかり醤油差しに注がれている。

卵かけゴハンは別名TKGという。

Tをコンと割ってGの上にKしてその上から醤油をたらして食べるのでTKG。

ここで気がつく。

TとGはちゃんと取り上げているが肝心のS（醤油）は無視されている。

映画「ロッキー」でスタローンは生卵5個を一気に飲んだ。

醤油はかけなかった。

何とかなるのである。

納豆の場合は粘るのでノドを通りにくいが生卵はノドを滑り落ちる。

ラクといえばラクなのでTKGもついSを見逃したのだ。

難関中の難関はやはり〝マグロの大トロに醤油をつけないで食べる〟ではないだろうか。

しかもこのマグロ、大間の産、一切れの値段一〇〇〇円、厚さ3センチ、箸でまん中のところをはさんで持ち上げると両端がさも重そうにしなだれるというやつ。

側面にはこまかい網の目のような脂がびっしり吹き出ている。

そのようなマグロの大トロを醤油をつけないで、今、食べようとしているわけです。

今、箸で持ち上げました。

再確認しておきますが、このマグロには一滴たりとも醤油はついていません。

ナマのままです（あたりまえか）。

口を開けました。

舌の上にのせました。

冷たくてヌメッとしたものが舌の上にのっています。

そうなのです、あの天下の美味がただの〝冷たくてヌメッとしたもの〟に変わり果てているのです。何だか気持ちわるいものが舌の上にのっている。

後悔の気持ちさえわいてくる。

嚙もうと思うのだが、この生ゴミみたいなものを嚙む気にならない。

ところがです。

いま舌の上にのっているこのものの周辺を醬油で覆うとどうなるか。

舌の上の生ゴミは一瞬にして大間のマグロになる。

天下の美味になる。

醬油がないと一瞬にして生ゴミ。

ここにおいてわれわれはマグロの大トロは自立できないことを知る。納豆も卵も自立できないことを知る。

いや、カマボコも海苔弁も磯辺巻きも冷や奴もイカ刺しもウニの軍艦巻きも、みんな一人前の顔をしているが、醬油の助けを借りないとたちまち生ゴミになるのだ。

◉あれも冷凍これも冷凍

今日も朝から蒸し暑い。

テレビをつけると「いろんな食べ物を冷凍して食べる」という特集をやっている。

マシュマロを冷凍して食べる。

豆乳を冷凍して食べる。

クリームパンを冷凍して食べる。

梅干しを冷凍して食べる。

どれもこれもテレビ東京の「ありえへん∞世界」でやりそうな食べ物ばかり。

この発想でいくと「味噌汁を冷凍して食べる」もありであり、「おにぎり（梅干し入り）を冷凍して食べる」もありということになる。

面白そうじゃないか！

ただちにスーパーへ。

迷わず実行するところがこのヒト（ぼくです）のいいところ。

ありえへんの理念のもとにあちこち探しまわる。

これが冷凍アンパンなの？
とりあえずどうすればいいの？
カチカチ
冷たい

アンパンが候補にあがった。
続いてケーキのモンブラン。
あのフワフワのアンパンを冷凍するとどうなるか。
アンコ達はどう対処するのか。
モンブランのあのヒモ達はどうなるのか。
ヒモという状態を維持できるのか。
氷柱《つらら》状になって垂れさがることになるのか。
買って帰ってただちに冷凍庫へ。
アンパンやモンブランは

何時間ぐらいで凍るのか、料理本のレシピを調べてもたぶん載ってないはず。

とりあえず四時間を想定。

仕事をしていても気が気でない。

彼らはいまどうしているのだろう。

彼らにとっても初体験である。

なにしろこれまでの生活が平穏だった。

気温良好、身のこなしノビノビ。

それなのにいきなり極寒のシベリア生活へ。

アンパンのアンコ達はどう対処しているのだろう。

アンパンのアンコは小豆の粒の集団である。

集団にはリーダーが必要だ。

良きリーダーを得てシベリア生活を凌《しの》いでいるのだろうか。

それともダメなリーダーを選んでしまって苦難の道に踏み込んでしまっているということも考えられる。

大丈夫です、安心です、安全です、高い緊張感をもってのぞめば何とかなります、などと、オドオドした目でメモを読むばかりのリーダーを選んでしまっている場合も考えられないでもない。

四時間経過。

アンパンからいこう。

何だか萎《しな》びている。

ひとまわり小さくなってカチカチに固まっている。

全身に白い霜がかかっていて寒さで震えているようにも見える。

辛《つら》かったのだ。

これを冷凍すると
どう変化する
のか
どういう
歯ざわりに
なるのか？

手に持つと冷えきっていて冷たい。

カチカチに固まっていてひんやり冷たいアンパン。

これでもアンパンなのか、と思う。

往時の面影をすっかりなくし、矜持を失い、シワシワ、カチカチに固まってしまったアンパン。

やはりリーダーに恵まれなかったのだ。

齧《かじ》ってみますね。

オッ、意外にサクッと歯が入り、歯はたちまちアンコに突き当たる。

アンコ達はどうなっていたか。

これまた意外にもカチカチになることなく、全員わりに健在で、口の中で少しずつほぐれ、やがて元のアンコの姿に戻りアンコの味となる。

民衆の力というのだろうか、団結の力というのだろうか、リーダー不在であってもこのように甦ることができるのだ。

日本の皆さん、もう少しの辛抱です。春はもうすぐです。

ヒモの集団モンブランはどうなったか。

これがですね、意外のカタマリというか、こうして手に持って眺めているのですが何も変わっていないのです。

冷凍庫に入れる前と、四時間の刑期を終えてこうして出てきたときと、姿も形も何ら変わっていない。

態度も変わっていない。

ばかりか毅然とさえしている。

ネジネジと周辺を取り巻いていたヒモ達も元の姿そのまま。

悠然とあたりを見回している。

モンブランがケーキ界の高倉健と言われるのもこのあたりの雰囲気をあらわしているのかもしれない。

齧ってみますね。

凍っていません。

どこもかしこも入所前とおんなじ。さぞかしヒモは凍りついて氷柱となり、内部のスポンジ状のところは氷彫刻をする前の氷の柱のような状態になっていると思いきや、これまた入所前の状態を維持している。

不変不動の精神。

男の中の男。

落ちぶれ果ててもモンブランはモンブラン。

このあたりの雰囲気はやはり三船敏郎ということになるのだろうか。

ヒモのところに歯を当てるとあまりにも呆気なく削り取れるので、刑期前と刑期後がまったく変わらない。

天晴《あっぱ》れ、とも思うし、ただの無神経とも思えるし、奔放と思おうと思えば思えるし、このあたりは昔の俳優、左卜全にたとえることもできる。

そうだったのか、モンブランは左卜全《ひだりぼくぜん》だったのか。

と、ここでふと気がつく。

クリスマスのシーズンが近づくと、クリスマスケーキの工場はいっせいにケーキの冷凍化を始める。

工場には冷凍のケーキが山のように積みあげられる。

ケーキはもともと冷凍に強いのであった。

◉サンマは常に姿焼きである

世の中いろいろ揉めておりますが、とりあえず秋。

秋といえばとりあえずサンマ。

ことしは不漁らしいがとりあえず食卓にサンマが並ぶ。

去年漁れた冷凍ものらしいがサンマはサンマ。

「おっ、サンマだな」

と、おとうさんはとりあえず言う。

長めの皿にサンマが横向きに横たわっている。

いま「横向きに」と書いたが、サンマに限らず魚は「仰向け」になれないのでどうしても横向きになる。

横向きで頭が左。

当然尻尾が右。

どうしてそうなるのか、頭が右で尻尾が左でもいいじゃないか、と思う人もいると思うが日本では駄目。

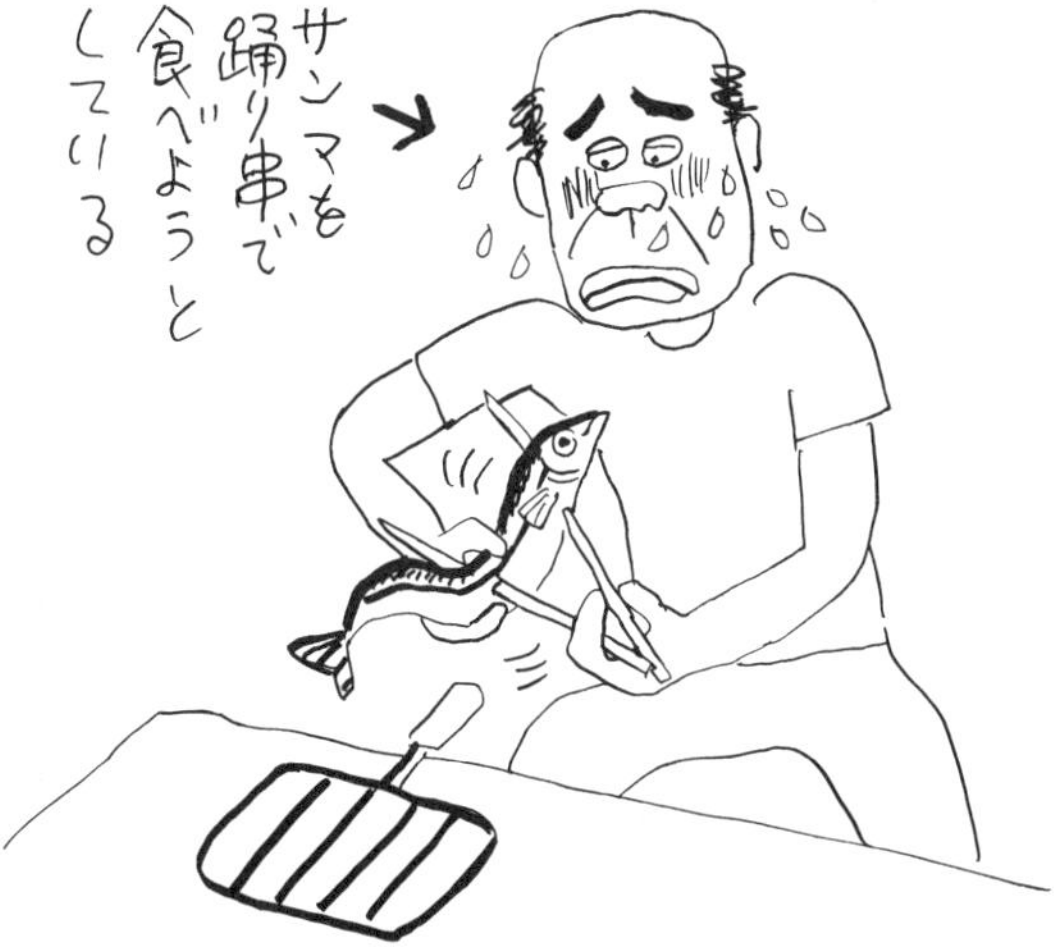

外国ではどうなのだろう。調べたことはないが、多分、どっちでもかまわないのではないか。

となってくると、

「それは日本の魚の意向なのか」

ということになってくる。

ここです、問題は。

当人はどう思っているのか。

これまで当人（日本の魚）の意向を一度でも聞いたことがあったか。

民主主義の基本は当事者の立場を尊重することにある。

この件に関しての主権は魚にある。

これまで魚の意見、つまり魚意（さかなクンに言わせればギョイ）を魚に聞く機会が一度もなかったし、これから先もないにちがいない。

ここでフト気がつく。

「図鑑などの魚も頭を左に描いてある」

という事実。

魚の頭を右側に描いてある図鑑は見たことがない。

なぜか。

ナゾは深まるばかりである。

この問題をこのまま深く追求していくという方向もないわけではない。

が、日本人は、

「サンマが頭を左にして皿の上にのっかっているのを見ると心が落ちつく」

という意見もある。

サンマが頭を右にして出てくると、確かに不安になる。

サンマ自身も頭を左にして皿の上にのっていると心が安まるといわれている（確認はしてないが）。

サンマ盛りつけの鉄則は今や全国民の常識となっている。

月は東に陽は西に、サンマの尻尾は右側に。

日本では魚の頭は料亭でも定食屋でも左側で出てくる。

定食屋のオヤジあたりは忙しいときはついサンマの頭を右側にして客に出したりするが、そういうときは客のほうが慌てて自分で並べ直したりしている。

サンマの頭は左、という決まりのほかにもう一つの鉄則がある。

「サンマの腹側は手前に（こっち側に）」というもの。

言われてみると多くの場合、そういう形で出てくる。

サンマの背中が向こう側でお腹がこっち側。

サンマはこっちを向いて皿の上にのっている。

この主旨はようくわかる。

感情としてよく理解できる。

サンマと自分はこれからしばらくの間付き合うことになる。

お付き合いという言い方でもいいかもしれない。

それなのにですよ、もしですよ、サンマのお腹が向こうを向いているとこちらに背中を向けていることになる。

背中を向けて寝ていることになる。

失礼じゃないですか。

そこらあたりのことを考えて両者は向き合って相対することになるわけだからよくよく考えぬいた作法ということになる。

目刺しなんかもこの鉄則を守っている。

四匹なら四匹、五匹なら五匹全員頭を左にして皿の上に並べられる。

一匹だけ反対側を向いている目刺しは見たことがない。

じゃあイカはどうか。

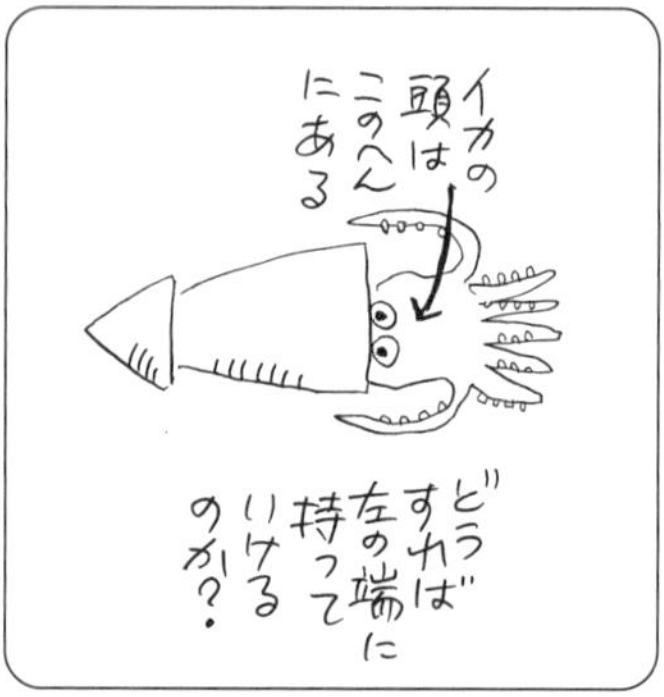
イカの頭はこのへんにある
どうすれば左の端に持っていけるのか?

同じ海の中にいる者としてこの鉄則は守られているのか。

これが意外にむずかしい問題であることが次第にわかってくる。

イカ当人としても、海の中の同族として同調していきたいのだがどうにもならないと頭をかかえているという。

その頭が問題なのだ。

イカもイカの姿焼きとして皿の上にのることがある。

体のてっぺんの三角のヒラヒラしたところを左にしてのる。

ところがあの三角のところは頭でないことは誰でも知っている。

イカ自身も知っている。

なにしろ当人なのだから知らないわけがない。

心ならずも、頭じゃないところを頭として扱われる心苦しさ。

無実、というのでもなく詐称、というのでもなく、悲劇、としか言いようのない虚しさ。

じゃあイカは姿焼きとして皿の上にのせられるとき、どういうふうにのせられればいいと考えているのか。

それがわからないから苦しんでいるんじゃないかッ、とイカは怒りにふるえる。

なにしろ体のまん中あたりに頭があるのだ。

どうやっても「頭を左側に」向けることができない。

だが海の仲間の魚に義理立てをしたい。

だがそれには体がいうことをきかない。

悩みに悩んだあげく、思いあまったイカは、多分同じ悩みを抱えているであろうタコに相談したことがあるという。

だがタコは、自身がこれまで姿焼きになったことが一度もないという理由で返答に窮したという。

結局人間だけがイカの窮状を救うことができる。

それは「イカは絶対に姿焼きにして食べない」ことである。

◉サンマの顔、鰯の顔

人に歴史あり。
人に人相あり。
人相のない人はいない。
顔さえあれば人相はどのようにでも語ることができる。
「男の顔は履歴書」と看破したのは評論家の大宅壮一。
日本の総理大臣の人相について考えてみる。
吉田茂。
老獪、韜晦、古狸、ではあるが愛嬌がある。
佐藤栄作。
男前、頑固、意地っぱり、だが風格がある。
田中角栄。
度胸、男気、苦労人、頼り甲斐がある。
岸信介。

歯は出ているが出るところへ出ればちゃんとしている。
中曽根康弘。
風見鶏、顔立派、青年将校。
と、きて、おまたせしました、菅義偉。
なんだか急に暗い気持ちになってきたのではありませんか。
気が滅入ってきたのではないですか。
あの目がねぇ……。
これほど暗い目をした総理大臣はこれまで日本にはいなかったような気がする。

だけど名前はとても立派、義偉。

名前は偉そうだが顔は貧相。

あの目は何かをたくらんでいる目で、物を見るときわざと片寄せてみることを「眇《すがめ》で見る」と言ったりするが、最近は「菅目で見る」と書く人もいるという。

人間に人相があるごとく猫にも猫相がある（ニャン相ともいう）。

岩合光昭さんの「世界ネコ歩き」という番組を見ていてそのことに気がついた。

それまでは、猫の顔なんてみんなおんなじと思っていたのだが、岩合さんが、

「この猫はこのへん一帯のボス猫です」

と紹介する猫の顔をよく見ると、ちゃんとボスの顔をしている。

風格があり、威厳があり、いかにも人望（猫望）のありそうな顔立ちをしている。

猫に限らずどの動物にもそれぞれの〝相〟があるのではないか。

河馬なんかも、いかにも人のよさそうな河馬もいるし、顔の半分を水の下につけて目だけ出してる河馬を見ると「こいつはワルだナ」と思う。

ライオンあたりになると喜怒哀楽がよくわかる。

本気で怒るし、子供を慈愛の目で見たりする。

魚はどうか。

魚にも喜怒哀楽はあるのか。

それともまるっきりないのか。

魚屋の店頭にズラリと並んでいるサンマはどれもこれも無表情だし、あんまり怒ったり悲しんだりしているようには見えない。

だが鰯あたりになると目が大きいので目に表情が出ているような気がする。

悲しみのためか目のフチが潤んでいるように見える鰯もいて、そのことに気がついた人間もいたらしくて潤目鰯という名前を付けたわけで、このへんのところにも日本人の魚に対する愛情が感じられる。

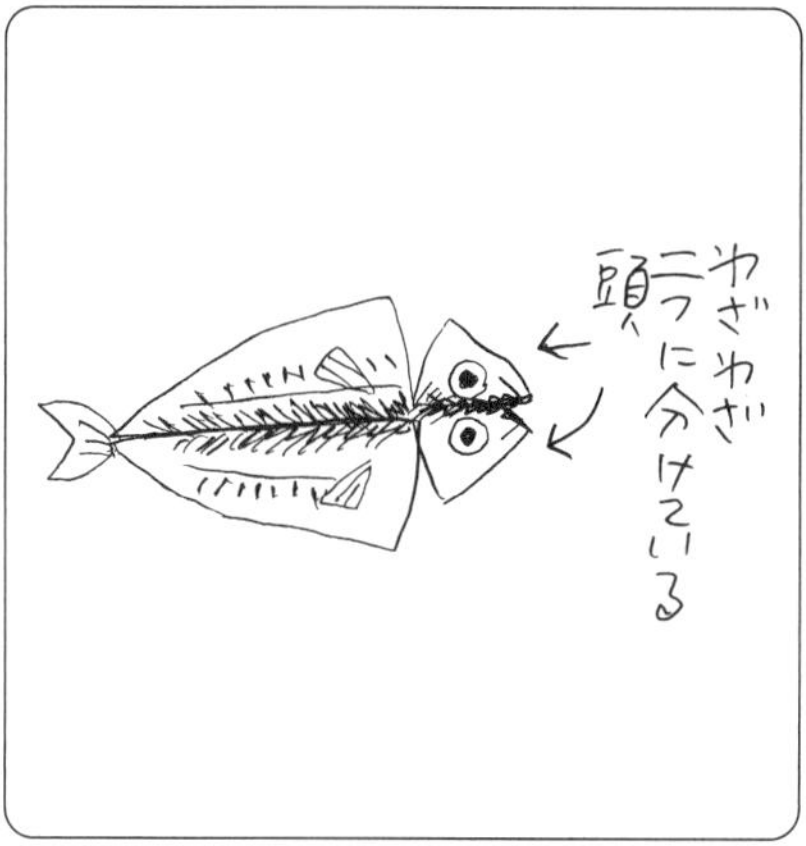

そうなんです、日本人は外国人と比べて魚に対する愛情が深いんです。
外国人にとっては魚はどれもこれも魚だが、日本人はこれはサンマ、これは鰯、これは鯵と見分けることができる。
だいたい顔で見分けるわけだが、それだけ魚と顔馴染みであるというか、顔見知りというか、そういうことになる。
友人、とまではいかないが、お互いのことはお互いに知り尽くしている。

気遣《づか》い、とまではいかないが、ま、いちおう、気を遣ったりはしている。

だから、ぼくなんかもそうだが、サンマの塩焼きを食べるとき、胸のあたりを箸の先でほじりながら、ときどき、なんとなく、見るともなく、当人の顔を見たりしている自分に気がつくことがある。

顔を見たって何がどうなるものではないのだが、何となく気になる、ということなのかなあ。

サンマや鰯や鯵は干物で食べることも多い。

丸干しもあるが開きも多い。

ここで干物になった場合の形に注目してください。

丸干しの場合は何の問題もないが開きのほうに注目しましょう。

どうです、ちゃんと頭（含む顔）が付いていますよね。

頭、要らないでしょう。

食べるわけでもないし、第一、箱に詰めるとき邪魔、かさばる。

なぜ？

だけど取らない。付けてる。

ここでハタと気がついてください。そうなんです。

みんな見てるんです、食べながら、ときどき見るともなく見てるんです、顔を。顔がないと寂しいんです。

鯵の開きなどの場合は、開いた片側にだけ頭が付いているのと、わざわざ頭を二つに開いて両側に付けているのとがあります（今度注意して見てください）。

大変な手間だと思いますよ、頭を二つに割って両側に分けて付けるのは。

そうまでして漁業関係の人は頭にこだわっているわけです。

食べる側の人にとってみれば、本来は一つの頭が両側に分かれて二個もある。

何という贅沢。

何という嬉しさ。

ごくたまーに頭を取っちゃって頭がない開きも見かける。

サンマの開きを食べながらフト頭を見ると頭がない。

このときの寂しさ、言い尽くせません。

総理大臣の人相からいつのまにか魚の人相の話になってしまった。「魚の人相見」という職業、成り立つだろうか。

◉うなだれ丼

鰻丼と聞いて心がざわめかない日本人はいない。

いい意味でもわるい意味でもざわめく。

もちろん好意は持っている。

鰻丼に好意を持たない日本人なんているだろうか。

ふつう、好意を持っている相手とは心安く付き合うものだが鰻相手の場合はそうはいかない。

付き合うには何かと金がかかる。

そういうこともあって何かと気を遣う。

ダチとかダチ公とか、そういう付き合いではない。

尊敬もしているし敬慕の念もある。そういう付き合い方。

鰻屋の前を通るといつだって暖簾の隙間からいい匂いがしてくる。

これがまたすこぶるいい匂いであることは言を俟《ま》たない。

「この匂いだけでゴハンを一膳食べられる」

と言われるぐらいの強力な匂い。

うなぎのいらない
うな丼のたれ
温かい白飯にかけるだけで
いつものご飯がうな丼風に。
今日からは毎日丑の日!
20g×2袋
※うなぎは入っておりません
※写真はイメージです
KALDI
註(傍点筆者)

実際には匂いだけでゴハンを一膳食べるのは無理だろうがタレだったら可能性がある。

実際に試したことのある日本人はいっぱいいる。白いゴハンに鰻のタレだけかけて、

「鰻丼ならぬ鰻ダレ丼！」

などと言い、そのあと必ず、

「ハハハハ」

と力なく笑い、

「項垂《うなだ》れて食うわけよ」

と解説し、再び「ハハハ」と自虐の笑いを付け加える。

と、これが日本における

これまでの鰻丼にまつわる社会現象であった。

ところがこれが、このことを機に、今、大きく変わろうとしている。

このこと、とは、今般、

「『うなぎのいらない』うな丼のたれ」

というものが発売されたことを指す。

これまでも「うな丼のタレ」は「焼肉のタレ」や「麻婆豆腐の素」などと共にいわゆるタレ商品として売られてきた。

どのタレ商品も簡便な新しい料理法としての誇りに満ちて元気一杯だった。

その中で「うな丼のタレ」は元気がなかった。

どうしても誇りが持てなかったのだ。

日陰者という意識がどうしても抜けなかった。

かつて人々によって喧伝された「項垂れ丼」の故事がどうしても頭から離れなかったのだ。

ここでもう一度、日本の鰻丼の鰻ダレ史を振り返ってみよう。

どの鰻ダレのパックにも、

「うなぎのいらない」

の文言はない。

どのメーカーも、そこまでは言い切れなかったのだ。

どうしても躊躇《ためらい》があった。

そこへこのメーカー（日本食研製造株式会社）が堂々と言い切ったのだ。

相当な勇気が必要だったと思う。

開発会議もかなりモメたはず。

もう一度「『うなぎのいらない』うな丼のたれ」のパックの表記を見てみる。

「温かい白飯にかけるだけで、いつものご飯がうな丼風に」

「うな丼に」ではなく「うな丼風に」（傍点筆者）になっている。

急に弱気になっている。

この部分も開発会議でモメたにちがいない。

と思いつつ、次の文言を読むと、

「今日からは毎日丑の日！」

何という強気。

「毎日が丑の日」……。

全国民がこれまで指折り数えて待ちに待った丑の日が、
これからは毎日！

ということは、今日は丑の日なので鰻丼を食べたけど、あしたも丑の日なのでまた鰻丼を食べることになるわけだよね、そういう解釈でいいんだよね、と、改めて念を押したくなるほどの快事。

これからは毎日毎日鰻丼！

きのう食べたばかりなのに今日もまた鰻丼、そういえばおとといも丑の日だったので鰻丼だったし（クドイ）、しあさっても鰻丼ということになるわけだ。

理屈上はそういうことになるけど金銭的にそれでは成り立たないよな、と思うが、この「『うなぎのいらない』うな丼のたれ」の一袋の値段は146円。

ナーンダ、だったら「毎日丑の日」は楽勝だナ、と思いつつ袋を開けてみると袋の中には1食分の小袋が2個。

つまり1食73円。

これだったら朝、昼、晩、3食鰻丼も可能だ。

こうなってくると一年中が丑の日ということになって、つまり丑の年《とし》ということになり、まてよ、丑の年の前年も丑の年。

ここで「うなぎのいらない」の厳密な解釈が必要になってくる。

鰻丼というものの実態をまず考えてみる。

主役はどう考えても鰻である。

まず鰻の蒲焼きがあって、それには当然タレがかかっていてそれがゴハンの上にのっている。

これらのどれを取り去っても鰻丼にはならない。

なのにこの新製品は「鰻が要らない」と言っている。

主役が現場に居ないのだ。

最初は居たのだが途中から居なくなった、というのではない。

最初は居たのだが今ちょっと出かけている、というのでもない。居留守を使っている、というのでもない。

主役の鰻が居ないのに鰻の字を使ってもいいのか。

その追及には直接答えたくないらしく、パックには、

「うなぎの香ばしさをたれの中に閉じ込めました」

とある。

国会では「ご飯論法」というのを安倍さんや菅さんらが盛んに用いているが、どうやらその用法らしい。

◉湯豆腐の時代

豆腐はこの処遇をどう思っているのか。

湯豆腐をしながら思った。

つまり、全然、構ってもらえないわけです。

この場合の「構ってもらう」というのは、面倒をみてもらう、とか、手出しをしてもらう、とか、そういう意味の構うです。

湯豆腐は手の出しようがない。

することがない。

じーっと鍋の中を見てるだけ。

豆腐には『豆腐百珍』という本があるくらいその料理法は多い。

煮たり、焼いたり、串に刺して味噌をつけて炙《あぶ》ったり、少なくとも100とおりの料理法がある。

どの料理法も手がかかっているが湯豆腐はまるっきり手がかかっていない。

冷遇してる、というわけでもなく手の施しようがないのだ。

湯豆腐は水から煮るが煮立ててはいけない。

じーっと見ていて、煮立つ寸前、豆腐がグラッと揺れたら、ソレッと引き上げて食え、と言われている。

だから湯豆腐を取り囲んでいる人たちも悪気があって手出しをしないのではないのだが、豆腐側はそういう事情を知らないので「構ってくれない」などと僻《ひが》んでいるわけで、このあたり、〝日本人と湯豆腐の悲劇〟として豆腐側から語られているらしい。

豆腐側にも同情すべき点

があることはある。

豆腐は豆から作られる。

　あのカチカチの大豆を柔らかくし、潰し、漉《こ》し、固め、固めたのちは崩れないように細心の注意を払われつつ湯豆腐として世の中に出る。

　幾多の苦労ののちようやく世の中に出る。

　さあこれから大活躍するぞ、と思う。

　ところが世の中に出たとたん、動くな、と言われる。

　じっとしてろ、と釘を刺される。

　ほんのちょっと動いただけで（揺れただけで）、ソレッと引き上げられてしまう。

　豆腐界の悲劇として、有名な話であることは言うまでもない。

　その話が出るたびに引き合いに出されるのが冷や奴である。

　湯豆腐がわが身の不幸を嘆くと、いつも決まって、

「冷や奴のことを考えなさい」

　と説教される。

　冷や奴の豆腐は、湯豆腐の豆腐よりもっともっと冷遇されているではないか。

　湯豆腐の豆腐は冷遇されているといっても、温かい湯の中に入れてもらっている。

　ぬくぬくと温まったあとで悲劇が起こる。

冷や奴は最初から悲劇が起こっている。

冷たい水の中に入れられて全身が冷えきっているというのに、そこに更に氷を加えて更に冷やされる。

まさに冷遇。

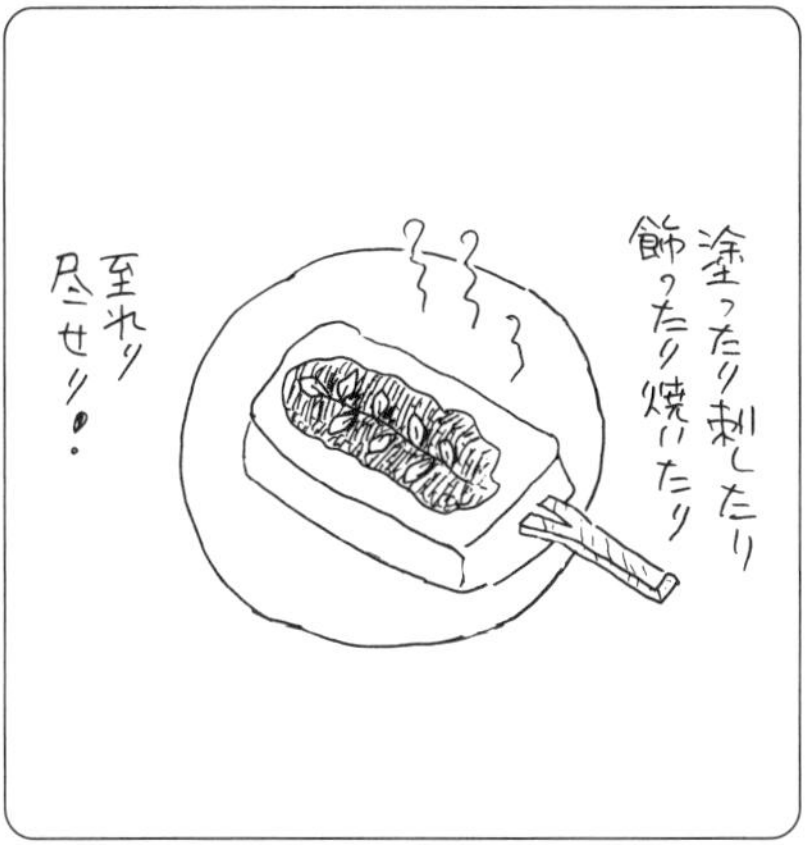
塗ったり刺したり
飾ったり焼いたり
至れり
尽せり!

こうなってくると我々人間がとやかく言うよりも当事者である豆腐がこのことをどう思っているか、ということのほうが大切である。

まるっきり構われずに放っておかれることをどう思っているのか。

人間の場合、たとえば思春期だったら親があれこれ面倒をみると、

「ウルセエッ」

という言葉が返ってくる。

その豆腐がちょうど思春期だった場合は当然そういうことになる。

こう考えてくると、湯豆腐のときの豆腐は常にむずかしい立場に立たされていることが少しずつわかってくる。

湯豆腐のときの豆腐には仲間がいない。

鍋の中に居るのは豆腐だけ。

豆腐一人ぼっち。

出し昆布が居る場合もあるが豆仲間ではないので話が通じない。

天涯孤独である。

湯豆腐は鍋料理の一種である。

けんちん汁も鍋で煮て食べる。

天涯孤独の湯豆腐に対してこっちは具だくさん。

一つの鍋の中に人参がいるわ、大根がいるわ、牛蒡《ごぼう》がいるわ、里芋がいるわ、コンニャクなどというワケのわからないやつもいつのまにか仲間に加わっていて大混雑、大混浴。

ワイワイ、ガヤガヤ、談論風発、和気あいあい。

このけんちん汁の喧騒を横目で見て湯豆腐の豆腐はどう思っているのか。

羨ましい、と思っているのか、改めて己の孤独をひしひし感じるのか。

けんちん汁に豆腐は欠かせない。でも、豆腐がけんちん汁というグループのリーダーであると断定するのはどうだろう。

ちゃんと務まるのか、という疑問を日本国民なら誰もが持つ。

先ほども書いたように、苦労人であることは確かなのだが、リーダーとなるとちょっと、というところが日本国民の実感ではないだろうか。

やっぱりけんちん汁の親分というあたりが適任だったのではないか、という話になるような気がする。

いや、けんちん汁の親分もやはり無理なので、隠居というか、引退というか、そういう形で湯豆腐としての豆腐に戻ってもらう。ぼくも思うに、豆腐は湯豆腐の中に居るときがいちばん似合うような気がする。

本人も湯豆腐の鍋の中に居るときがいちばん心の安まるときなのではないだろうか。

いかにもゆったりと寛《くつろ》いでいるように見える。傍《はた》から見ていてそんな気がする。

ときあたかもコロナ下。

外出自粛。

ワイワイ、ガヤガヤ禁止。

大混雑、大混浴御法度。

ぼっち飯《めし》、ぼっち鍋全盛の時代。

コロナの時代、即、湯豆腐の時代。

◉謎の食べ物「冷し中華」

日本人は冷し中華をどう思っているのか。

冷し中華と日本人はどういう関係にあるのか。

いきなり大上段に構えてしまったが、これ、一度は考えてみるに値する問題だと思う。

とりあえず和食ではありませんよね。

じゃあ中華料理なのか。

あ、そんなに真剣に考えなくていいです。雰囲気でいいです。

「なんとなく中華じゃないなー」

それで充分。

和食でもなくて中華でもない。

ではどこからやってきたのか。

こういうことを言った人がいます。

「冷し中華はラーメンの夏姿である」

あー、それ、なんとなくわかるなー、と言った人がいて、ぼくもなんとなくそんなような気が

しているのだが、それだと、ラーメンはふだん股引きをはいていることになり、夏はそれを脱いでステテコになることになり、そうなってくると明らかに論理的におかしいことになるので却下。

かといってもちろん洋食ではないので日本人としては和か中華のどっちかに所属してほしい。

日本のおとーさんたちがよく通う赤提灯のメニューに冷し中華はない。

定食屋にも冷し中華はない。大衆食堂にもない。

もちろん高級料亭でも冷し中華は出さない。

季節物だからというハンディキャップはあるが、

「どうしても冷し中華をメニューに載せろ」

と強硬に主張するおとーさんもいないのでそういう状況になっているのだと思う。

こういう場合で考えてみます。

海外旅行に行く。

一週間も経つと、

「あー、塩ジャケで白いゴハン食いてー」

とか、

「豆腐とワカメの味噌汁飲みてー」

ということになってくるが、

「あー、冷し中華食いてー」

にはならない。

塩ジャケと白いゴハンと豆腐とワカメの味噌汁は日本人の血肉となっているが冷し中華は血肉
にはなってないのだ。

じゃあ、こういう設問はどうか。

「あなたは世の中から冷し中華がなくなってもいいんですね」

ここで困る。

日本人全員が困る。

たまには冷し中華食いてー。

あるんです、冷し中華が急に食いたくなるときって。

静かに、確実に、遠くのほうから、しみじみと、「冷し中華食いてー」の呼び声が聞こえてくるときがあるのです、日本人には。

日本人の魂が冷し中華の呼び声に揺さぶられるのです。

この民族の叫びに対して、冷し中華は充分応えられる実力を備えているのだろうか。

ここなんです、問題は。

どうも怪しい団体なんですね冷し中華は。

組織としての理念がどこにも感じられない。

わたし共はこういう理想と目的のために集結した団体であるということがまるきり伝わってこない。

具がチャランポラン。てんでんばらばら。いいかげん。

冷し中華の具をひとつひとつ点検してみます。

錦糸卵、ハム、キュウリ、紅生姜、トマトあたりが主流で、あとは椎茸の煮たのがあったりなかったり、ハムが蒸し鶏であったりカニカマであったり、エビが入っていたり入っていなかったり、要するに正式メンバーが決まっていない。

そして誰がレギュラーで誰が補欠で誰がベンチなのかもわからない。

組織ガタガタ。

具をこう書き並べてみて改めて驚くのだが、このメンバーのどこにも中華系が見当たらない。

なのに中華を名乗っている。

堂々「冷し中華」。

当店では
冷し中華は
扱っており
ませんッ

この臆面のなさ。

いよいよ怪しい。

資格ということで考えてみます。

たとえば高校野球ならば各チームが各地の予選を勝ち抜いていって甲子園出場の資格を得る。

錦糸卵は各予選を勝ち抜いてきたのか。どこでどう、誰と戦ったのか。

このことはハムにも言える。キュウリにも紅生姜にもカニカマにも言える。

そのへんをすべて曖昧にしたまま、ちゃっかり甲子園に出場している。チームワークはどうなのか。

どう見ても全員一丸には見えない。特に錦糸卵がチームワークを乱しているように見える。

錦糸卵は江戸時代の殿様の食事に出てくるイメージがある。

その殿様の食事が突然冷し中華に参加してしかも主役。

何かあった、と周囲が怪しんでも不思議ではない。

よくある天下り。そう考えるとまさにぴったり。

前総理の安倍さんあたりが絡んでいるということはないのか。

妻がまた何かしでかしてはいないか。

日本学術会議の会員が問題になったが、冷し中華の錦糸卵問題が国会で取り上げられたりすることはないのか。

もう一つ、見逃してはならないのがカラシである。

冷し中華にはカラシ、と誰もが思い込んでいるが、ここに大きな落とし穴がある。

中華にカラシ？　合わないぞ。

誰がカラシと決めたのか。

どうもなんだか誰かがどさくさに紛《まぎ》れこませてカラシと決めたような気がしてならない。

どういうどさくさだったのか、それも目下不明である。

冷し中華の前途は多難である。

◉イクラのいらないイクラ丼の素

この連載の3回前のテーマは「うなぎのいらないうな丼のたれ」だった。

鰻丼というものは、本来、鰻の蒲焼きがあってこその丼物である。

「あってこそ」というのは「無いと成り立たない」という意味なのだが、そこはそれ、世間というものはそのあたりのことをウヤムヤにすることに長《た》けていて、無くても何とかする方向にもっていこうとするものなのだ。

問題は「もっていき方」である。

為せばなる。

ごまかそうという気持ちではなく、誠心誠意、一心不乱、本物に近づけようという真心。

主人公の鰻は居ないが、まるで居るような雰囲気を醸し出そうという心尽くし。

たれだけで何とかしようというメーカーの誠意が実をむすんで「うなぎのいらないうな丼のたれ」に漕ぎつけた。

誠意というものは尊いものだなあ、と、つい油断していたら、今度は同じ会社が、「イクラのいらないイクラ丼の素」というのを発売した。

またしてもいらない商品！
イクラのいらない
イクラ丼の素
あったかいごはんにかけるだけでイクラ丼の味に！
20g×2食
KALDI
本商品にイクラは入っておりません
写真はイメージです

こちらが油断したせいではなく、柳の下の二匹目のドジョウを狙ったらしかった。

そうか、二匹目のドジョウ居たか。

ということは三匹目も居ることになる。

「天ぷらのいらない天丼のたれ」
「とんかつのいらないかつ丼のたれ」
「マグロのいらないマグロ丼のたれ」
「牛肉のいらない牛丼のたれ」

特に牛丼はもともと「つ

ゆだく」というのがあって、牛丼の店にはつゆの入った大きな寸胴鍋につゆがいくらでも入っているのでお手のものだ。

ここで思いついたのが商売としての「たれだけ屋」。

本体抜きのたれだけで商売をする店。

牛丼屋を例にとると、もちろん普通の牛丼もあるが、たれだけの牛丼もある。

客は店に入ってイスに座ると、

「たれだけ」

と言う。

店員は丼にゴハンをよそってその上にたれだけをかける。

「たれだけのつゆだく」

を注文する人もいる。

「たれだけのつゆだくでライス抜き」

を注文する貧乏学生も出てくる。

こうなってくると落語の枠とかシャレの世界に近づいてくる。

落語に「長屋の花見」というのがある。

なにしろ貧乏なのでお花見のメニューが揃わない。

お酒がお茶け。カマボコが大根、卵焼きがタクアンでお酒に茶柱が立つことになる。

この粋の精神が「たれの時代」に受け継がれる。

「うなぎのいらないうな丼のたれ」も「イクラのいらないイクラ丼の素」も、実は「長屋の花見」の精神を受け継いだものであることを見逃してはならない。

貧乏を楽しむ。

古今亭志ん生は貧乏長屋の生活を楽しんだ。

ユーモアの世界に持ちこんだ。

われわれはいまコロナで不自由な生活を強いられている。

貧乏もまた不自由な生活を強いる。

不自由は楽しもうと思えば楽しむことができるのだ。

本物の鰻丼を楽しむことができなくても「たれ」で楽しむことができる。

本物のイクラが食べられなくても「たれ」で本物に迫ることができる。

コロナを契機に時代はそっちに向かいつつあるのではないか。

居酒屋での酒の飲み方もこれからはこんなふうに変わってくる。

焼き鳥の注文の仕方が変わってくる。

「焼き鳥のいらない焼き鳥」というメニューができる。

わかった、焼き鳥は居なくてタレだけということだな。

と誰もが思う。

そうではなくて串だけ出てくる。

皿の上に串が5本。

客は鶏肉の刺さってない串をしゃぶる。

　一本を口にしてしゃぶり、

「オッ、塩だね」

と言う。

次の一本をしゃぶって、

「今度はタレだね」

と言う。

亭主が、

「次の一本はコショウだけでやっちゃってください」

と言う。

一本一本、塩やタレだけ振ってあるのだ。

「刺身盛り合わせ」

を注文する。

そうすると大きな皿の上に大根を千切りにしたツマだけが盛ってある。

客は、「きょうはいいヒラメが入ったじゃないか」と居るはずのないヒラメを誉めたりする。

もちろんおでんを注文するとつゆだけ。

このおでん屋は本格的かつ先鋭的な店で、おでんの鍋をのぞくとチクワもコンニャクも一切なくて鍋の中はつゆだけ。

ちょっと想像してみてください、つゆだけのおでんの鍋を。

ところで今回のメインテーマの「イクラのいらないイクラ丼の素」についてて話をもどすと、やっぱり「うなぎのいらないうな丼のたれ」とはちょっと違った衝撃を受ける。

「うな丼のたれ」のほうは「ありうるな」という許容の思いがあるが、「イクラ」のほうは「ありえねー」という異和感が残る。

それは、

「イクラというからにはどうしても噛んだときのあのプチプチ感が欲しい。どうしても欲しい」

という切なる願いである。

「イクラ丼の素」はツユだけ。

こうなってくると、この文章の冒頭の「あってこそ」が迫真性を帯びて胸に迫ってくる。

◉チクワ悪人説

まもなくおでん開幕。

プロ野球の開幕は桜の季節。

おでんの開幕は木枯らしと共に。

開幕はとかく明るい話題が多い。その明るかるべきシーズンにこういう話題は向いてないのだが、事実は事実、辛《つら》いことだが報告しなければならない。

おでんの裏面史。

裏面史は暗い。

明るい裏面史というものがあったためしがない。表だって語りつがれることはないが、知る人ぞ知る本当の真実の姿はここにこそ存在する。

チクワとカマボコの裏面史。

これをわたくしはこれから語ろうとしている。

チクワとカマボコが名誉と不名誉の物語であることを知る人は少ない。

おでん界の創生期からその界隈でどんなことがヒソヒソと語られてきたのか。

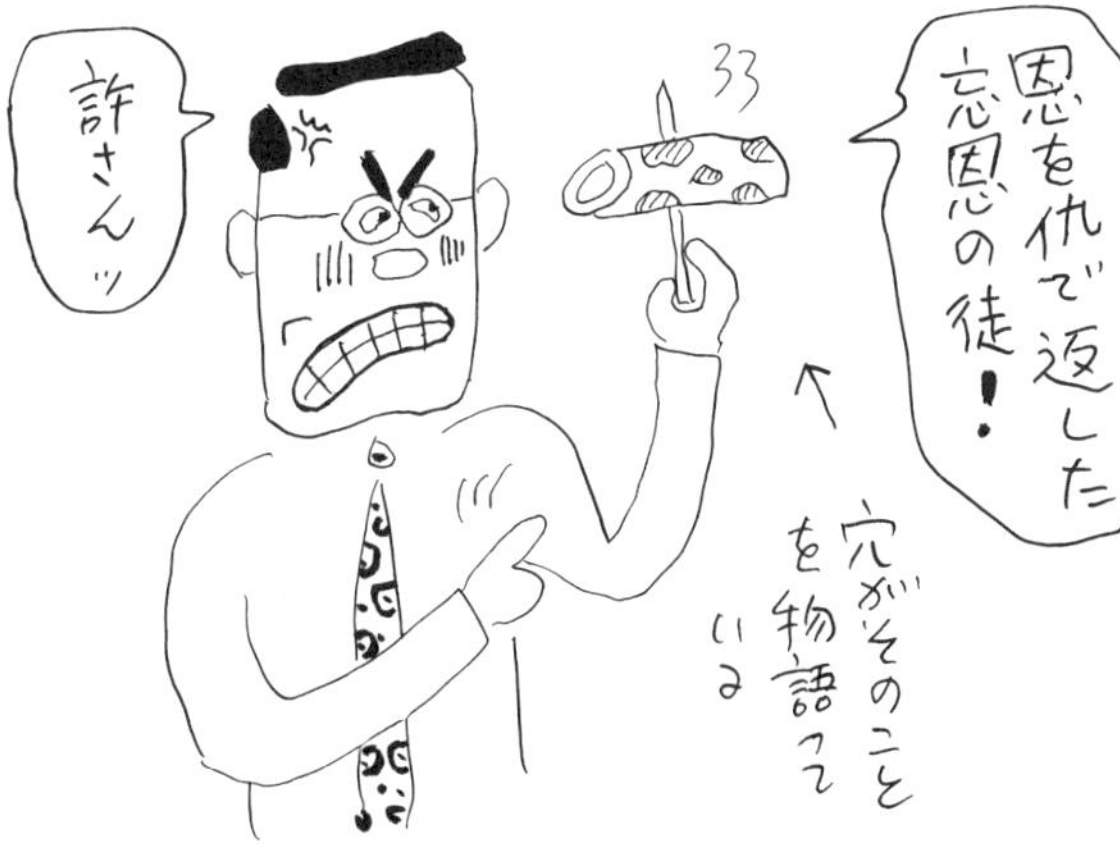

おでん界の現状から解説していこう。

おでんと言えばチクワ、ハンペン、さつま揚げ、ゴボウ巻きなどがまず頭に浮かぶ。

気がつけば、これらはすべて魚肉練り製品である。

おでんの具としては登場しないがカマボコもまた魚肉練り製品である。当然、おでんの具として採用されるはずではないか。

なのに採用されなかった。

話はあったのだがカマボコが断った、ということが裏面史に出ている。

この派（魚肉練り製品派）からこれだけの員数が出ているということは、この派がおでん界に大きな影響力を持つと分析してもあながち誤りではあるまい。

自民党における安倍、麻生、甘利らの影響力に匹敵するとわたしは見る。

ということは、安倍、麻生、甘利らは「魚肉練り製品である」という見方もできるが、やはりそれは無理のような気もする。

裏面史に戻る。

カマボコはなぜおでん界の誘いを断ったのか。板を背負っていたからである、と裏面史は言う。

確かに同じ魚肉練り製品仲間は全員裸一貫で世の中を渡っている。なのにカマボコはいつだって板といっしょだ。

カマボコと板は夫婦同然。

なぜか。

板の恩義を片時も忘れないからだ、と、裏面史は言う。

カマボコはどのようにして作られるのか。家の表札ほどの小さな板に、魚肉をすりつぶしたものを塗りつけてカマボコ型に盛り上げる。

カマボコの制作はそこから始まる。つまり、とにもかくにも板がないとカマボコは作れない。

板がないとカマボコは誕生しない。板が恩人、とカマボコは考える。

おでん界から入門（？）の話があったとき、カマボコはこう言って断ったという。

「板を背負ったまま入門した具はこれまでありましたか」

言われてみれば板を背負った具はこれまでひとつもない。

板をはずして入門すればいいではないか、という更なる誘いに対しカマボコはこう言った。

「大恩のある人を背中からおろすなんてことはどうしてもできません」

こうしてカマボコは報恩の人、義理人情の人として語り継がれるようになった。

一方、チクワの裏面史はどうなっているか。

こっちは評判がよくない。

めっちゃよくない。

こっちは忘恩の徒として語られているらしい。

ぼくが見たかぎりでは気のいい奴に見えるのだがおでん界での評判はよくない。

どうやら穴の評判がよくないらしい。

穴の評判がよくないからといって今さら埋めるわけにもいかないし、第一、穴があるからこそチクワであって、穴のないあの棒状のものは何と呼べばいいのか。そもそもチクワは漢字では竹輪と書く。

そう、チクワは細い竹の棒に魚肉練り製品を巻きつけて焼いて作ることから始まった。

カマボコは板の世話になったがチクワは竹の棒の世話になった。

棒がないことにはチクワは作れない。竹の棒があったからこそチクワというものがこの世に誕生したのだ。

カマボコの誕生の恩人が板ならばチクワの誕生の恩人は棒ということになる。

ここから先のことを裏面史はスルドク追求する。

チクワにもカマボコ同様入門の話がくる。

おでん界への入門の話である。

そのときチクワはどういう態度をとったか。

カマボコは背中の板をはずすことはできません、と言って断った。なのにチクワは昔世話になった棒をあっさり抜いた。

抜いて捨てた。

抜いて捨ててそ知らぬ顔でおでん界入りを果たした。

チクワが忘恩の徒といわれる所以である。

人々は今やチクワの穴が棒を抜いた跡だという史実を知らない。それをいいことに、チクワはおでん界の気のいい奴としてふるまっている。

気のいい奴の根拠はやはり穴であろう。間が抜けている、と思わせて油断させているのだ。だとすると相当タチの悪い奴ということになる。恩ある人を出世のために放擲《ほうてき》し、そのために出来た穴をこんどは世間を欺く道具として利用する。

そうだったのか、チクワってそんなに悪い奴だったのか。

これだから裏面史はコワイ。

世の中の仕組みが赤裸々に暴《あば》かれる。

ぼくなんかから見れば、チクワはとてもおいしいし、とてもいい奴なんだけどね。

◉葡萄新時代

葡萄維新——

そう称してもいいぐらいの革命がいま葡萄の世界で起きている。

革命を起こしたのは皮ごと食べられるシャインマスカット。

皮ごと食べられるのは他にもあるが、明治維新における坂本龍馬的存在としてシャインマスカットに代表してもらって話をすすめていくことにする。

日本人は葡萄に二つの夢を持って暮らしてきた。

葡萄に種が無かったらどんなにいいか。

葡萄の皮を剝かずに済めばどんなにいいか。

この二つのうち、種のほうはすでに解決していた。

ここで日本人はこれまでどうやって葡萄を食べてきたかについて考えてみることにする。

巨峰で考えてみる。

①まず房から一粒を取る。

②爪先でそれに小さな傷をつけて皮を剝くきっかけにする。

葡萄を皮ゴと食べてる
アーッ!!
あたしゃしらんよどうなっても

③それを口の中にポイ。
④舌と歯《は》を巧妙に操って（モゴモゴさせて）実から皮を剝ぐ。
⑤実と皮が分離したのを感知したら、皮のほうを口の外に押し出すべく再び舌先を巧妙に操っていって歯先のところへ持っていって今度は指を使って皮の端をつかんで口の外へ引き出す。
⑥裸になった実を上の歯と下の歯の間に挟む。
⑦嚙む。
たった一粒の葡萄を嚙むために、われわれはこんなにも膨大な行為を執り行っ

ていたのだ。

そのことに気がつかないでやってきたのだ。

行為はまだある。

一粒の葡萄を噛み潰しはしたものの、さっきの皮はまだ手に持っている。

この皮をどこに捨てるか。

目はその場所を探している。

これまで葡萄を食べるために必ず励行してきた①から⑦までの膨大な作業が、シャインマスカットの出現によって全部しないで済むことになった。
①から一挙に⑦へ。
くどいようだが、房から一粒取りはずして、そ、の、ま、ま口へ。

慣れないうちはこれがむずかしい。

これまでの人生におけるわが葡萄史がそれを阻む。

早速スーパーへ行ってシャインマスカットを購入してきて早速実行。

房から一粒取りはずしたとたん、①から⑦が頭の中を駆けめぐる。

古い葡萄史の自分を説得し、奮い立たせてようやく一粒を歯と歯の間に挟んだ。

くどいようだが皮が付いたままの葡萄である。

いよいよ噛みます、いいかい、噛むからね、皮が付いたままだけど噛んじゃうからね……。

これがねえ……なかなか噛めないんですねえ……。

噛もうと思うんだが歯に力が入らない……というか、顎に力が入らないというか……。

もう、とっくに葡萄は上の歯と下の歯の間に挟まれているわけです、皮付きで。

やってはいけないことをやろうとしてるんじゃないか。

犯罪ではないが、それに近いことをしようとしているのではないか。

　そういうことはないにしてもズルをしようとしているのは確かなような気がする。

　罪の意識がどうしても頭から離れない。

　煩悶、懊悩、挫折、悔恨、説得、説諭、さまざまな心理の闇をさ迷ったのちようやく決断。

　こんどこそ本当に噛みます、今噛みます、南無阿弥陀仏、合掌……噛んだ。

　くどいようだが皮付きの葡萄を噛んだ、力強く噛んだ、そうしたら、皮が付いたまま果肉が潰れ、とたんに甘い汁が口の中いっぱいに広がって溢れ、次にショリショリという音とともに皮だけが歯と歯の間に挟まっていてこの皮が意外に甘く、その中にも思いがけない量の汁が含まれていて皮ごと食べる葡萄というものはこんなにも美味であったか、と、しばし呆然、しばし沈黙。

よかった。

葡萄の新時代に付いていけたのだ。

しみじみと次の一粒を房から取りはずす。

しみじみと眺め、しみじみと皮を剝く。

そうなのだった。

いつのまにか皮を剝いていたのだ。

剝いてはいけなかったのだ。

皮のまま口の中へポイ……。

そう思いつつ思いを新たに剝きかかったのを剝かずにお口の中へポイ。

そうなのだ、これが新時代の葡萄の食べ方なのだ。

少しずつ訓練して慣れていくことにしよう。

そう思いつつ皮が付いたままの葡萄を嚙んでいるうちに、何としたことか、いつのまにか舌と歯はいつものように実から皮を剝がそうとしている。

いましも剝き終えようとしているところであった。

かくてはならじ。

なおも剝き続けようとする口を辛うじて押しとどめる。

新時代はなかなか遠いが、こうして少しずつ進歩していくのだ。

そう思いつつ、ふと気がつくと歯と舌はすでに実から皮を剝がすのに成功しているのだった。

剝がし終えて、皮を口先のところへ押し出してあとはもう指で引っぱり出すだけという段階になっているのだった。

こうなってはもう仕方がない。

引っぱり出すより他はないので引っぱり出し、とりあえず小皿の上に置く。

置いてはみたものの、この皮は食べられる皮なのだ。

エート、この皮はこのまま捨てるべきか、それとも再び口の中へ入れて食べるべきか。

一難去ってまた一難。

◉「プハー」の人々

テレビ（民放）は毎日朝から晩までCMの洪水。

いま、つい朝から晩までと書いてしまったが、実際は朝から夜まで、いや早朝から深夜までCMにつぐCM。

中でも目を引くのがビールのCM。

各メーカーお抱えのタレント達の競演ぶり。

いまやどのビールもおいしくて甲乙つけがたいのだが、甲乙つけがたいでは事は済まないので各メーカーは有名タレントを揃えて優劣を競わせることになる。

ということは、各メーカーお抱えのタレント同士もまた、その演技を競い合うことになる。

かなり熾烈です、この闘いは。

そのあたりのことをこれからじっくり検証していきたいと思います。

その前にわれわれは普段どんなふうにビールを飲んでいるかを検証しておきましょう。

これは実にもう簡単。
①缶のフタをプシッと開ける。

②グーッと飲む。
③プハーとか言う。
一方、メーカーお抱えの各タレントはどうか。
自然というわけにはいかない。
なにしろ金をもらっている。
どうしても演技が加わる。
①缶ビールのフタをプシッと開ける。
ここまではわれわれ一般人と同じ。
②缶からコップにビールを注ぐ。慎重に慎重に注ぐ。
③注ぎ終わると、さも興味深げにコップの中をのぞ

く。
④するとそこには目にも鮮やかな神泡が！
⑤歓喜！（の表情）。
⑥さも満足げな表情とともにコップに口をつける。
⑦グーッと飲む（ここでやっと一般人の飲み方に追いつく）。
⑧ノド仏をゴックンと動かす（わざと）。
⑨とたんに「ドヒャーッ」という表情（ここが勝負どころなのでタレントの工夫さまざま）。
⑩しばし瞑目（口の端に泡）。
口の端の泡は気がついているのだがわざと拭かない。

もう隅から隅まで演技につぐ演技。過剰につぐ過剰。わざとにつぐわざと。

人間がビールを飲むときに伴う動き、考え得るかぎりの動作をタレントは考え尽くしてそれを実行する。

われわれはビールをどんなふうに飲もうとも、そのことに対してお金をくれる人はいない。

彼らはお金をもらっているのだ（しかも大金）。

ぼくだって大金をもらえるのならどんな演技でもするつもりでいる。

スポンサーに対する誠意、とか、その製品であるビールの好き嫌い、とか、嘘いつわりのない心、とか、そういったものとはいっさい関係なく演技することができる（金の力で）。

こうなってくるとどうしても演技というものについて考えざるを得なくなる。

演技とは何か。

演技の権威スタニスナントカさんという人によれば、演技とは、「虚構の状況に自身を置くことを想像し、その状況に直面したときにどういうアクションをするかを構想する能力である」。

まず虚構が前提になっている。

ということは、たとえば悲しい出来事を想定してそれに思いを致して涙ぐむ、というのなどが当てはまることになる。

こうなってくるとビールのＣＭはどういうことになってくるのか。

タレントがテレビの画面で飲んでいるのは本物のビールであって虚構ではない。

本物のビールをゴクゴク飲んでドヒャーとか言っている。

ということは演技ではない、ということになるのだが、あれが演技でないはずがない。

演技も演技、大演技。

多分、あのときのあのビールはすっごくおいしいはずで（スタッフがようく冷やしたりして）心の中で（アー、おいしい！）と思っているのだが、それだけでは足りない（なにしろ大金）と思い、何とかしなくては、と思うからやたら大袈裟を心がけることになる。

ここでぼくは寅さん映画で山田洋次監督が俳優の田中邦衛に言ったという言葉を思い出さざるを得ない。

そのとき田中は熱演を心がけた。

工夫の限りを尽くして力演したらしい。

何回もダメ出しをしたあと監督は田中にこう言ったという。

「演じるな」

「自然体でいけ」

この一言で（実際には二言だが）田中は何かを悟ったという。

スタニスのナントカさんも同様のことを言ってるらしい。

さあ、こうなってくるとビールのＣＭはいよいよもってむずかしいことになってきた。

「ドヒャーの人たち」はあのままでいいのか。

われわれ一般人は「ドヒャー」しないぞ。

「グーッ」と飲んで「プハー」だけだぞ。

「ドヒャー」と言いたいけど我慢して黙っているぞ。

口のまわりに泡がついていたらすぐ拭くぞ。

もし、ですよ。

一般人がビールのCMのタレントみたいに①から⑩までを全部念入りにやることになるとビヤホールの中は大変なことになるぞ。

あっちでも①から⑩まで、こっちの人も①から⑩まで、ジョッキの中のビールがなかなか減らないことになる。

そしてこういう場合も考えられることになる。

山田監督がビール会社のCMを撮る。タレントは田中邦衛。

さあ山田監督はどういう演技指導をすることになるのか。

とりあえず「ドヒャー」は厳禁、さあ、そのあとどうなる？

◉コンニャクは拒絶する

食べ物のことを人に伝えるのはむずかしい。

どんな味か、どんな舌触りか、どんな匂いか。

たとえば羊羹。

日本人同士ならばお互いにある程度のことは知っている。

「甘い」「柔らかい」「押すとつぶれる」「表面がつやつやしている」「冷たい」……。

そんなとこかな。

だが見る人はもっといろんなとこを見ている。

向田邦子は羊羹の角《かど》に目を付けた。

角、つまり切り口。

——水羊羹の命は切口と角であります——

と断言している。

——宮本武蔵か眠狂四郎が、スパッと水を切ったらこうもなろうかというような鋭い切口と、それこそ手の切れそうなとがった角がなくては、水羊羹といえないのです——

ウーム、気がつかなかった、と、凡人はここで初めて羊羹の切り口と角を思い出す。

この記述は羊羹の外観についてだが、その深奥部にまで思いを致す人もいる。

——玉《ぎょく》のように半透明に曇った肌が、奥の方まで日の光りを吸い取って夢みる如きほの明るさを啣《ふく》んでいる感じ、あの色あいの深さ、複雑さ——

これだから食べ物の真実を人に伝えるのはむずかしい。

人に羊羹のことを伝える

とき、その深奥部の闇まで伝えるべきであったのだ。

この場合はお互いに羊羹のことを知った上でのやりとりであったが、もし相手が全然知らない食べ物である場合はどういうことになるか。

たとえばコンニャク。

しかも説明する相手が外国人。

コンニャクは生まれてこのかた見たこともないし話に聞いたこともない。

話を面白くするためにその外国人は女性ということにします。

さあ、何から説明すればいいのか。

まず食べ物である、というところから始めなければならない。

なにしろコンニャクはどう見ても食べ物に見えない。

平べったくて鼠色をしていてのっぺらぼうでグニャッとしていてヌラヌラ濡れていて気味がわるい。

このものを外国人に見せて、最終的には食べ物として納得させ、うまくいったら口の中に入れて食べさせようというわけだから前途は遼遠である。

まず現物を相手に見せる。

ただ見せたんじゃ面白くないので、いきなりテーブルの上に放り投げる。

外国人、飛び上がる。

続いて悲鳴。絶叫。

続いて脅えつつ後じさり。

コンニャクにもいちおう角も切り口もあるのだが、いまはその美を説明してる場合ではない。

深奥部もちゃんとあるのだがそれどころではない。

とりあえず触感を知ってもらう。

嫌がる手を摑んでテーブルの上のコンニャクに近づけていく。

触る。ヌラリ。グニャリ。ヌメヌメ。

再び悲鳴、絶叫。

この悲鳴もの、絶叫ものをはたしてこの外国人（女性）はやがて口に入れることになるのか。

口中に入れて悲鳴、噛んで絶叫、飲みこもうとして悶絶、何とか飲みこんで失神、そのぐらいの騒ぎはまぬがれないと思う。

ここで日本人は考えざるをえない。

外国人がこれほど気味わるく思うコンニャク、これほど逃げ腰になるコンニャクを日本人はなぜ好むのか。

好むどころか大好きなのか。

日本人でコンニャクが嫌いという人、あんまり聞いたことがない。だが事実は、日本人はコンニャクが好きだということを物語っている。

コンビニおでんの好き嫌いの統計をとると、コンニャクは常に人気の上位を占めている。

上位どころかヘタをするとベストファイブに入っていたりする。

もっとヘタをするとベストスリーに入っている。

コンビニばかりでなく、学校の給食にもコンニャクはしばしば登場している。

これらの事実から、日本人はコンニャクが好きであるという結論を導き出してもあながち誇張とは言えまい。

いまのところコンニャクを文豪がテーマとして取り上げたという話は聞かないが、いずれコンニャクをテーマにした名作が生まれる可能性は大いにある。

それにしてもコンニャクぐらい不思議な食べ物はめったにない。

外国人にとっては嫌われもの。

日本人にとっては大歓迎。

そうしてもうひとつ、コンニャク側は日本人は迷惑ものであるという事実。

因果はめぐるこの三角関係。

日本人はコンニャクにとってどう迷惑なのか。

コンニャクは日本人に言い寄られて迷惑なのにそのことに気がつかない。

コンニャク側の歴史は日本人による迷惑の歴史だったのだ。

コンニャクはコンニャク芋から作ることは知られているがこの芋にはもともとシュウ酸カルシウムという毒がある。

ふつうだったらこの段階で食べるのを諦めるのだが日本人は諦めなかった。

そこでコンニャク側は味をしみ込ませない作戦に出た。

味がしみ込まなければ食べるのを諦めるはずだったが日本人は諦めなかった。

棒で叩いたり箸で突き刺したりして強引に味をしみ込ませた。

日本人とコンニャクの関係は、言い寄りと拒絶の歴史だった。

そうしていまだに言い寄り続けている。

◉饅頭物語

コロナの時代が今ようやく明けようとしている。

まだ安心はできないが光明が見えてきた（と思いたい）。

考えてみると「コロナの時代」は「饅頭の時代」であった。

ここまで読んで、

「コロナと饅頭とどういう関係があるんだッ」

と、気の早い人も気の遅い人も同時に怒り心頭に発したと思うが、とりあえず落ちついてください。

こういうことです。

饅頭の構造を考えてみましょう。

饅頭はアンコと皮でできている。

皮がアンコを包んでいる。

この構造は、〈皮がアンコを庇護している〉と考えることができる。

また〈アンコが皮の中に逃げこんだ〉と考えることもできる。

そして更にもうひとつ。

〈アンコが皮の中に引き籠《こも》った〉

ここです、この話のポイントは。

アンコは饅頭の皮の中に引き籠った。

コロナ下でわれわれは家の中に引き籠った。

この行動の同時性をもって、〈コロナの時代は饅頭の時代であった〉という表現に何の矛盾もないことがここにおいて明白になった。

これで疑問のひとつは解消されたのだが、実はもうひとつ大きな謎がアンコと饅頭には残されている。
むしろこっちのほうがより大きな疑問であり謎といえるかもしれない。
それは、何故アンコは皮の中に引き籠ろうとしたのか。
何故皮に庇護を求めたのか。
何か疚《やま》しいことがあったのか。
そして何故皮はアンコの要請に応じたのか。
断ってもよかったはずである。
皮にも後ろ暗いところがあったのだろうか。
二人は共犯なのか。
どうもなんだか二人には暗い影があるような気がする。
疚しい、というわけではないが、饅頭の頭という字、何だか怪しくはないか。
「まんじゅう」なのだから「重」の字を当てはめるはずなのに「頭」。
そう思って調べてみたところ果たして饅頭には暗い影があった。
饅頭の頭は人間の頭であったのだ。
うーむ、不気味。
日本の饅頭はその端を中国に発する。
その歴史は三国時代にまで遡《さかのぼ》る。

諸葛孔明が南方征伐の帰途大きな河にさしかかって立ち往生となる。

その河には荒神がいて荒れ狂うので生け贄が必要となったがその生け贄は人間の頭49個。

孔明はこれを羊や牛の肉で代用し、これらを小麦粉を練った皮で包んだ、というのが饅頭というものの始まりであった。

饅頭にはそういう血塗られた歴史があったのだ。

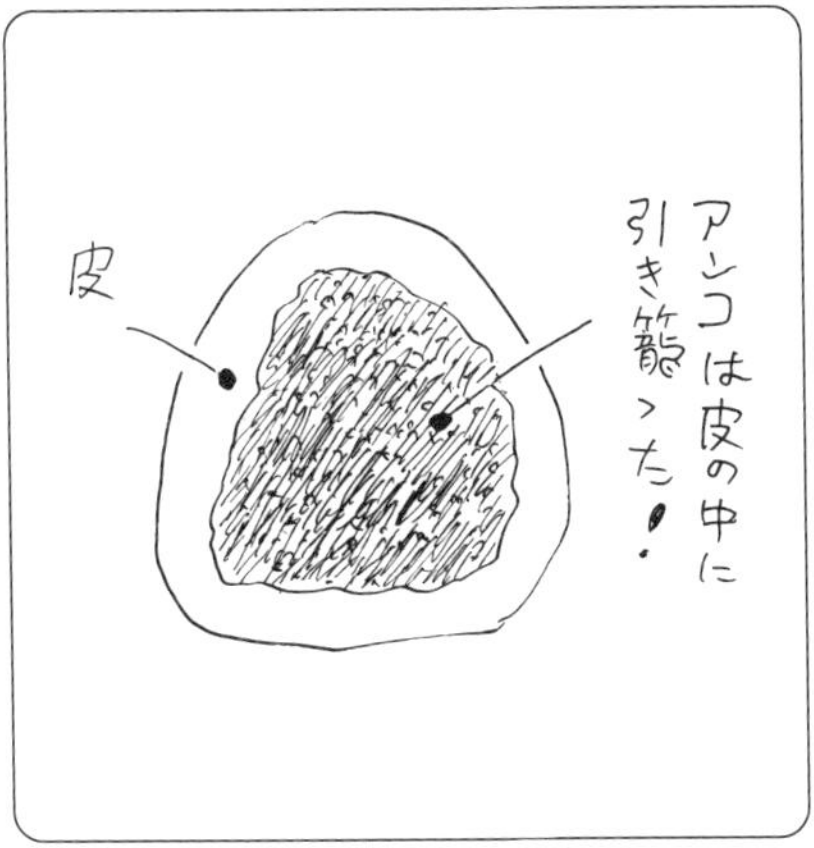

物語は終わったのだ。

饅頭のロマンは消滅した。

この無残、無慈悲にわれわれはどう立ち向かうべきか。

荒れ果てた荒野にわれわれはいま立ちつくしている。

とりあえず落ちつこう。

腕組みをしよう。

空を見上げよう。

何か解決策はないか。

この話を聞いて饅頭に対するイメージが変わった人は多いのではないか。

頭は人間の頭だったのか、そう思うとつい食欲が削《そ》がれる。

この事実をみんなが知ってしまうと饅頭の売り上げが落ちるかもしれない。

それでなくても饅頭の人気はいま落ち目である。

ひと昔前だったら温泉に行けば温泉饅頭、買って帰ってお土産として配ればみんな大喜びだった。

いま会社の出張土産に土地の饅頭を買って帰っても誰も喜ばない。

もみじ饅頭といえどもひところの元気はない。

ひと昔前は町内に一軒は和菓子などといっしょに饅頭を売る店があった。

木枯らしの季節にその店の前を通ると、店頭に何段も積み重ねられたセイロから白い湯気が上がっていたものだった。

顔にかかるこの湯気を手で払いながら通り抜けるのが冬の風物詩だった。

〝饅頭の時代〟があったのだ。

饅頭の復権はもはやありえないのか。

ぼくとしては饅頭の人気を再び復活させてやりたい。

饅頭はなかなかいい奴なんですよ、あれで。

おっとりしている。

小賢しいところがひとつもない。

ふっくらしている。

煎餅と比べてみるとよくわかるがとても柔らかい。

何とか復活を果たしてやりたい。

とりあえず良くないイメージを払拭する。

饅頭の頭は人間の頭である、などという説はとんでもない話だ。日本人は饅頭を「まんじゅう」と読んでいるわけだからとりあえず饅重に改める。

こう書けば実に簡単なことのように思えるが実行するとなると大変な作業になる。

日本の辞書はすべからく「まんじゅう」を引くと「饅頭」と出ている。これを全て改訂しなければならなくなる。

文科省はこれを認可するかどうか。

岩波や三省堂がどう出るか。

前途は多難であるが、まずこれをやらないことにはどうにも動きがとれない。が、
隗《かい》より始めよ。

重より始めよ。

◉「今日は何の日？」

秋晴れ、日本晴れ……。

この言い方、ヘンだと思いませんか。

秋晴れはわかる。一点の曇りもなく晴れ渡った秋の空。問題は日本晴れのほう。日本晴れも秋晴れもだいたい同じ意味なのだが、なぜ日本なのか。

なぜ突然「日本」を持ってきたのか。「晴れ」と「日本」と関係ないじゃないか。文句をつけたいのだがどこに文句を言えばいいのか？

この日、朝から曇天。

曇天を睨みつけながら腕組みして考えている。人間、天気がいいと機嫌がいい。天気が悪いと機嫌が悪くなる。

この人もいま天気がよくないので機嫌が悪くなっていて、それでどこかに文句をつけようなどという気分になったのだ。

このように人間は天気によって気分が変わる。

天気によって食べたいものも変わってくる。

早い話、夏のカンカン照りの暑い日は西瓜が食べたくなる。

冬、木枯らしが吹くとおでんが食べたくなる。

秋の夕焼けを見るとサンマが食べたくなる。

春先は蕗《ふき》の薹《とう》やワラビ、ゼンマイなどの山菜が食べたくなる。

ちょうどそのころ山野にそういうものが生えているという理由もあるが体が要求しているという説もある。

だから、今日は何を食べたいのか、体に訊いてみるということも必要になってくる。

『今日は何の日』という本があります。

この本には一年中の何かの日が書いてある。

「勤労感謝の日」「海の日」「みどりの日」……。

「食べたい物の日」というのがあってもいい。

「牛丼食いてーなー」と思えばその日は「牛丼の日」ということになる。

「鯖の味噌煮食いてーなー」と思えばその日は「鯖の味噌煮の日」になる。

「目刺し食いてーなー」と思えばその日が「目刺しの日」になる。

ただし、

「鰻食いてーなー」の場合はそうはいかない。

そうはいかないが、そういう窮民のための手立てはちゃんと打ってあるところが日本人の天晴《あっぱれ》なところである。

土用の丑の日。

この日は誰もが天下晴れて鰻丼を食べることができる。

「鰻の日」がちゃんと用意されていたのだ。

そして読者諸賢は次の文章を読んでアッと驚くことになる。

「牛丼の日」、あります。

「鯖の味噌煮の日」、あります。

「目刺しの日」、あります。

まさか……。

「牛丼の日」は毎月9日と10日。

なぜ9日と10日なのか。

9（ギュウ）と10（ドン）で牛丼。

立派な理由がちゃんとある。

「鯖の日」は3月8日。

鯖の缶詰のレッテルに「サヴァ缶」とあるのを見たことありますよね、「サヴァ」がどういう意味なのか知らないがとにかくサヴァ缶、それで3（サ）と8（ヴァ）で3月8日。

青森県八戸市が制定（2016年3月8日）。

公共機関が認定している。

「目刺しの日」はどうか。

これはちょっと強引だが筋道はちゃんと通っている。

目刺しはカタクチイワシやウルメイワシで作る。

要するに目刺しは鰯。

なので「目刺しの日」は10月4日。

1（い）と0（わ）と4（し）で10月4日。

非の打ち所なし。

大阪府多獲性魚有効利用検討会という長い名前のところが1985年に制定した。

こうなってくると、魚関係のものにはそれぞれの「当人（?）の日」があることになる。

だが蟹あたりはどうなるのだろう。

「蟹の日」というのはあるのか。

なにしろ蟹だからなあ。

ああして這いまわってるし、ハサミなんかも振りまわしてるし……。

「蟹の日」あります。6月22日です。大阪のかに料理の店「かに道楽」が制定しました。

1990年のことです。

なぜ6月22日が「蟹の日」なのか。蟹のどこをどうすると6月22日になるのか。

星座などという大物を持ち出してくるのでどうしても緊張し

てしまうのだが、よく聞いてみると理論もしっかりしている。

蟹とは言ってもそのへんを這っている蟹ではなくて星占いの蟹座。

「蟹座」は6月22日から7月22日までの誕生日の人。

22がキーワード。星座だけの話ではない。

そこへ日本の「50音図」の理論が加わる。50音図でいくと「か」は最初から6番目。「に」が22番目。

どこをどう衝いても6月22日という日が出てこざるをえない。

綿密かつ周到。

「蟹の日」の実相はこれでわかった。

これで安心してる場合ではない。

「カニカマの日」もあるのだ。

株式会社「スギヨ」が制定。

「カニカマの日」は「6月を除く毎月22日」。

なぜ6月を除くのか。

「本物の蟹への敬意を込めて」

とスギヨの社長は言っている。

蟹の周辺は謙譲と美徳に満ちている。

◉コロナ事変？

ここへきてさすがのコロナも衰えをみせてきたようだ。

このへんで一度、今回のコロナ騒動を総括しておく必要があるのではないか。

そうじゃないと第6波の噂もあることだし、もしそうなると今回のこの総括が無駄になってしまうので大急ぎでやっておかなければならないことになる。

何だかヘンテコな理由になってしまったがとにかく総括をしてみることにする。

そもそも今回の「新型コロナ」とは何だったのか。

新型というからには旧型があるはずなのに、そっちの話は一度も聞いたことがないぞ。

今からでもいいから一度聞いておきたい。

さっき、つい、「コロナ騒動」という言い方をしてしまったが、あれは「騒動」だったのか。

騒動というのは【多人数が乱れ騒ぐこと】と辞書にはあるがそれとは違うような気がする。

「コロナ事件」？

事件とは【世間を騒がせて揉めること】。

これも違うように思う。

「コロナ事変」？

ノモンハン事件とか満州事変というのがあったが【警察力では鎮定し得ない程度の擾乱】なのでこれでもない。

「コロナブーム」？

全然違う。

コロナはファッションではない。

あと30年もすると、後世の人は今回の、この「コロナナントカ」のナントカのところを具体的な言葉で埋めなければならなくなる。

日本史の教科書も「ナントカ」をきちんと埋めてお

かないとテストのときに混乱が起きる。

他人事ではない。

われわれも現場にいた語り部として将来、証言しなければならない義務がある。

現実問題として、今、現に、この文章を書くのに「騒動」と表現しては怒られ、「ブーム」と言っては叱られているが（いない？）事態は逼迫《ひっぱく》しているのだ。

政府はこの問題を緊急事態と見做《みな》し、文科省を督励して解決に当たってもらいたい。

と、この問題がまず一つ。

もう一つは今回の「コロナ（未定）」によって、わけのわからない言葉がやたらに頻出しまくったこと。

聞いたこともないような言葉が、次から次へと臆面もなく、というか、辺りをはばかることなく、というか、次から次へと繰り出してきて（小池さんが）、こっちは口をあんぐり。

ソーシャルディスタンス。

パンデミック。

クラスター。

オーバーシュート。

アストラゼネカ。

サンミツ（三密）。

こんな時に言葉の好き嫌いを言ってる場合ではないのだが、ぼくとしてはアストラゼネカが一番好き。

発音の響きが好き。

30年後はおそらく誰もこれらの言葉の内容を覚えていないだろうと思うと虚しい。

30年後、アストラゼネカって何だっけ、と思うのも切ない。

コロナ騒動（仮名）で発見したことがもう一つ。

「人の本当の心ってわからないものなのだなあ」

ということ。

われわれは普段付き合っている人を、

「だいたいこういう人」

と思い込んでいる。

「人は普段、本当の姿を見せないものなのだなあ」

ということがコロナでわかった。

非常時にこそそれが表に表れる。

具体的に言うとこういうことです。

いつも通っているスナック。

そこのママさん（推定40代）、けっこうちゃらんぽらんな人でどっちかというと能天気。

この人が、

「8時以降はアルコールは出しません」

と言う。

一杯ぐらいいいじゃないかと言っても、

「絶対にダメッ」

と言う。

エ？　この人が？　こういうことを言う？　と思わないではいられない人がそういうことを言う。

何が言わせたのか？　コロナが言わせたのだ、と思わずにはいられない変動ぶり。

かと思うと、居酒屋の主人（推定60代）。

無口、無愛想、頑固、真面目、法令遵守。

日頃の言動から、端《はな》っから諦めていたのに、

「いきますか？」

などと言いつつ指を盃の形にする。コロナで人が変わった、としか言いようがない。

コロナにはそのぐらいの力があったのだ。

「コロナ力」というのだろうか。

コロナという世界的規模の大事変で人々の心が動転したのだろうか。

コロナの「動転力」。

動転して価値観が逆転してしまったのか。

コロナの「逆転力」。

実際に時代が逆転したような現象がいっぱいあった。

小池都知事の「午後8時以降は消灯を」という要請に対し、照明に布をかぶせたりして営業を続ける店もあった。

「灯火管制」

都の要請をまったく無視して堂々とアルコールを提供しつづける店を密告する同業者、および客。

「隣組制度の復活」

連日、午後の3時ごろになると都知事が物々しく発表する本日の感染者数。

「空襲警報発令」

「ヘンな時代」であったことをしっかり確認し、記憶しておきたい。

そうそう、「小池時代」であったことも記憶しておこう。

◉「何気ない一日」

デパ地下を何気なく歩いていたら「ゴハン売り場」があった。

ゴハン売り場というのは、ホラ、お赤飯とか混ぜゴハンとか五目おこわなどを売ってるコーナーがありますね、湯気なんか上げたりして……あそこ。

ほんとにもう何気なくそこに近づいていって眺めるともなくそこに並んでいるゴハンのたぐいを眺めているうちにいつのまにか五目おこわを指差していた。

こういうことってあるんですね、何の気なしに、というか、自分でも気づかないうちに、というか……。

客に指を差されたからには店員だって放っておくわけにはいかないわけで、それなりの言葉のやりとりがあって、結局、五目おこわを買って帰ってきたわけです。

買ってきたからにはどうしたって食べることになる。

どうしても食べたいと思って買ってきたわけではないので、五目おこわに対する熱意というか愛情というか、そういうものはあまりないわけです。

一口食べ、二口食べ、三口食べていてもあんまり楽しくない。

そのうちにあることに気がついた。

一口目も二口目も三口目も味が全部同じ。まったく同じ。

そりゃそうだ。

一口目も二口目も三口目もまったく同じものを食べているわけだから。

五目おこわの具は、ゴボウ、ニンジン、れんこん、油揚げ、椎茸と相場が決まっている。

一口目も二口目も三口目も、毎回毎回ゴボウとニンジンとれんこんと油揚げと椎茸とゴハンを食べることになる。毎回毎回。

次の四口目も同じはず。

その次の五口目も予想がつく。

こんなことでいいのか。

いけないいんじゃないのか。

食事というものはだな、一口食べるごとに味が変わってだね、それがおいしくて楽しいものなんじゃないのか？

もともと、どうしても食べたくて買ったものじゃないものなので五目おこわを邪慳にする。

たとえばサンマの塩焼きをおかずに食べる食事だったら、ゴハンがあって、味噌汁があって、白菜のお新香があって、まずゴハンを一口、次にサンマを一口、そのサンマには大根おろしをちょっとのせ、その上からお醬油をチョビッとかけて食べ、そのあと味噌汁をズルッとやって、そうだ、ここでお新香、と大忙し。味も大忙し。

それなのに五目おこわはどういうつもりだ。

さっきからずうっと同じ味じゃないか。

動作だってさっきからずうっとおんなじ。

食べても食べても同じ動作。

五目おこわを箸ですくって口のところへ持っていって口の中に入れて嚙む。

次の一口も箸ですくって口のところへ持っていって噛む。

最初の一口の食べ方と最後の一口の食べ方が同じというのは酷《ひど》いじゃないか。

どうすればいいのか。

分離ということが頭に浮かんだ。

みんな一緒にいるからいけないのだ。

五目おこわ
ゴボウ
ニンジン
れんこん
油揚げ
椎茸

五目おこわのおいしさは、ゴボウとニンジンとれんこんと油揚げと椎茸をいっぺんに噛みくだくところにある。

ここからゴボウを抜くとどうなるか。

いくらか味が変わるのではないか。

少なくとも五目から一目を抜いた味になることは保証されている。

ゴボウの撤去作業が開始された。

大変と言えば大変、苦労と言えば苦労、馬鹿々々しいと言えば馬鹿々々しいが、人間、何事も根気が大切。

一本一本、拾い上げては別皿へ、また拾い上げては別皿へ。

総計41本。

なぜゴボウが選ばれたのか。

影響力を考えたのだ。

グループの中の影響力。

政治の世界で言えば派閥の中の領袖。

まず頭数《あたまかず》。もちろんトップ。

リーダーシップ、信頼感、人格、能力、カネ、申し分ない（たぶん）。

五目おこわ側としてもゴボウを抜かれてはかなりの痛手のはず。

ゴボウはそのぐらいの実力者である。

その実力者が脱党して別皿に行ってしまったのだ。

まてよ。

これだと五目の味から四目の味に変わっただけ、という考え方もできる。

大きな目で見れば大勢にはそれほど影響はないかもしれない。

いっそ全員退去というのはどうか。

五目おこわから具が全員脱出する。

具を片っぱしから拾い上げては別皿に移す。

これも根気と辛抱と馬鹿々々しさに耐える作業であった。

だが、このことによって風景が一変した。

見よ、テーブルの上にはいまや具のまったくない「元五目おこわ」の皿と「元五目おこわの具現五品目のおかず」の皿が並んでいる。

代議士の世界にも「元」と「現」があるが、五目おこわにも「元」と「現」が存在することがこれでわかった。

テーブルの上は急に活況を呈してきた。

デパートの中を何気なく歩いていて湯気に惹かれてつい買ってしまった五目おこわであるがゆえに、ついさっきまで相互不信と不仲であったぼくと五目おこわの関係が、いまここに改善の兆《きざ》しを見せ始めたのだ。

いまぼくは勇躍箸を取り上げ、満面の笑みを浮かべつつ「元五目おこわ」を「元おこわの具現五品目のおかず」で食べようとしている。

◉豚汁《ぶたじる》？　豚汁《とんじる》？

「豚汁」。

あなたはいま、この二文字をどう読みましたか。

「ぶたじる」

「とんじる」

どっち？

広辞苑を見てみます。

ぶたじる【豚肉に野菜などを加えて味噌汁仕立てにした汁物】

新明解国語辞典を見てみる。出ていません。無視。

どういうこと？

そもそも「豚」という字を「とん」と読んでいいのか。

ぼくはずうっと「豚」を「とん」と読むのは大衆が勝手にそう読んでるだけだと思っていたのだがどうやら正式らしいです。辞書界の大立者、岩波と三省堂の二社が豚＝とんと認めている。

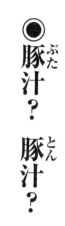

今日は
牛肉の豚汁を
つくりましょう
COOK

「とん」を軽んじていて申しわけなかった。

考えてみると「養豚業《とん》」というのがあるし「トンコレラ」というのもある。

実業界でも医学界でも堂々と使われている言葉だったのだ。

問題の「ぶたじる」「とんじる」だが全国的にみるとどうなのか。どっちが多く使われているのか。

調べてみるとJタウン研究所というところが調査結果を発表している。

近畿以西が「ぶたじる」が多い。

東京は「とんじる」。

全国的には7割が「とんじる」。

いやー、意外でした。

ぼく自身が「とんじる」に好意を持っていたのでとても嬉しい。

急な話で申しわけないが、豚汁《とんじる》っておいしいじゃないですか。

ぼくは大好き。

大根、里芋、ゴボウ、にんじん、じゃがいも、コンニャク、地下系の野菜が総出演。

鍋の中はたくさんの具でごったがえしている。

誰が偉いとか偉くないとかいうことなくみんな平等。

全員から出た野菜の甘味とダシがおいしい。全員が地下系の野菜なので気が合うらしい。

その具の間にキラキラ浮かぶ豚の脂。全体を統括するゴボウの香り。熱々なのでフーフー。

冬の汁物としてぴったり。

汁物と言えば汁物には「しる物」「じる物」の二種類がある。

味噌汁が「しる物」。

豚汁は「じる物」。

味噌汁は「みそじる」とは言わない。

豚汁は「ぶたしる」とは言わない。

ここで気がつくことがある。

「しる物」は味噌汁しかないが「じる物」はいっぱいある。

けんちん汁、粕汁、船場汁、納豆汁、豚汁……。

だったら味噌汁も「味噌じる」と言ったっていいじゃないか。

今からでもいいからそう言えと言っても、もうどうにもならないが。

　しる物よりじる物が多いのにはワケがある。

味噌汁は具が豆腐とかワカメとかなのでスルスル吸えるが、じる物は具が多くてごったがえしているのでジルジルと音を立てて吸わなければならないのでじる物。

　一理はある、という感じはするが二理は感じられない。

　ここでまた厄介な問題を提起することになって申しわけないのだが、味噌汁系の「しる物」と豚汁系の「じる物」のほかにもう一つ「お吸い物」という分野がある。

　お吸い物、お澄まし、何となくお上品。

とても「じる物」とは言いづらい。

豚汁と同格、と言っても世間はそうは思わない。

漆塗りのお椀の中の透明な汁、その中には麩とみつ葉。

「すましじる」と言おうと言えば言えるのだが「じる」がなあ。
「豚汁《ぶたじる》」も「豚汁《とんじる》」も「じる」で損していると思う。
「じる」と言ったとたん、どうしても周辺《まわり》が暗くなる。
ここでふと気がついたのだが豚汁はあるが牛汁というのは聞いたことがない。
あっても当然という気がするが見たことも聞いたこともない。
なぜか？
よく言われることだが関東で肉じゃがと言えば肉は当然豚肉。
関西では当然牛肉。
「エ？　肉じゃがの肉が豚肉？　ウソー」
と関西の人に言われると、
「エ？　肉じゃがの肉が牛肉？　ウソー」
と関東の人は驚く。
関東の人の普段使いの肉は豚肉で、関西の人の普段使いの肉は牛肉ということになる。
カレーを作るにしても関東の人はすぐ豚肉を思い浮かべるが関西の人は牛肉。
関東の人であるぼくはこれが不思議でならない。

日頃、豚肉より牛肉を尊敬している生活をしているので、

「牛肉を普段使いするなんて」

と、怒りと、ついでに嫉妬の感情も加わってはなはだ面白くない。

ずるい、という感情にもなるし、要するにシャクにさわるんですね。

シャクにさわるんでこういうことを言うわけではないが、そういう生活をしているからこういう過ちを犯すことになる。

関西の人が、

「今夜は豚汁」

と決めたとします。

そうすると普段そういう生活をしているので、つい、「肉は牛肉で」と思う。

そこで牛肉で豚汁を作る。

そして、あっけらかんとこう言う。

「今日は牛肉で豚汁を作っちゃった」

ありえないって。

◉何？ カレー味の福神漬？

カレーライスと福神漬はこれまで良好な関係にあった。

カレーといえば福神漬、福神漬といえばカレー、山でヤッホーと叫べばヤッホーと返ってくるコダマのような関係にあった。

ただし主従関係。

もちろんカレーが主で福神漬が従。

絵的《えてき》に見ても、カレーのかかったゴハンの山の脇に福神漬が小さく控える。

この主従関係はとてもうまくいっていた。

福神漬はカレーを尊敬し、カレーは福神漬に庇護と慈愛の心で接してきた。

その関係は見ていて微笑ましかった。

美風であった。

カレーと福神漬の関係によく似たものに「刺身とワサビ」の関係がある。

マグロの刺身の脇に小さく控えるワサビ。

こちらはわれわれの目にどう映るか。

追放宣言
もう♪おまえは要らない
ここから出て行け
カレー
カレー味福神漬
さだまさしのつもりなのにどうしても似ませんでした

なんかこう、ヨソヨソしい感じしません？

人情が感じられない。

ワサビがマグロを尊敬しているようには見えない。

マグロのほうもワサビに庇護と慈愛で接しているようには見えない。

やはりカレーと福神漬は美談だったのだ。

われわれがその光景を見て思わず微笑んだのは正解だったのだ。

と、カレーと福神漬は良風美俗として日本人の心を捉えて離さなかった。

ところがここへきて、カ

レーと福神漬との間に大きな亀裂が入りつつあるという。

どんな亀裂か。

それは福神漬の反乱であり謀反だという。

「カレー味の福神漬」というものが発売されたのだ。

製造元は福島県の郡山の小田原屋漬物店。

「カレー味の」ということは、福神漬にすでにしてカレーの味が染み込んでいることを意味する。

これまでのカレーと福神漬の実際の関係はどうなっていたか。

カレーライスを食べながらときどき福神漬をポリポリ食べるという関係にあった。

ときどきポリポリ食べて、再び本来の主役たるカレーライスに戻る。

なのに〝ときどきポリポリ役〟の福神漬にカレーの味がしてしまっているわけだから、場合によっては主役なしでゴハンを食べることが可能になる。

白いゴハンとカレー味の福神漬だけで一回の食事が充分まかなえる。

すなわち〝カレーは要らない〟ということになる。

かつてはあんなにも尊敬していた主人としてのカレーを、福神漬は自《みずか》らの手で追放しようとしている。

ここで図を見てみよう。

パックの表側には「脇役の逆襲」の文字が見える。

裏側にははっきりと「カレーいらずの福神漬」の文字。

堂々と「逆襲」、臆面もなく「いらず」。

確信犯だったのだ。

明智光秀だったのだ。

はっきりと「カレーの追放」を企《たくら》んでいる。

注目!
裏面
加熱やカレーいらずの福神漬
ご飯にかけて福神ライス

カレーを葬《ほうむ》ろうとしている。

逆賊。

ここで少し落ちつこう。

落ちついて考えてみると、福神漬自体には罪はないのだ。

「カレー味の福神漬」を作った小田原屋漬物店が真犯人なのだ。

小田原屋漬物店の謀反であり、裏切りであり、下克上ということだったのだ。

いずれにしても「カレー味の福神漬」の出現によって、カレーと福神漬との関係は美談ではなくなった。

福神漬はカレーを尊敬していなかったのだ。

カレーは福神漬を庇護していなかった。

急な話ではあるが、われわれはここにおいて、カレーと福神漬の新たな物語を構築しなければならなくなった。

とりあえず美談仕立てはもはやムリだ。

会社関係の話に持っていくというのはどうか。

上役と下役の関係。

カレーが上役で福神漬が下役。

うん、このほうが二者の関係はよりピッタリのような気がする。

こうなってくると、二者にどのくらいの役職の差があるのかが問題になってくる。

係長とヒラ。

部長と課長。

常務と部長代理。

いずれにしても〝下が上に仕える〟という図式であることは言うまでもない。

上役と下役の関係であるならば、福神漬はカレーを必ずしも尊敬しなくてもよいことになり、カレーは福神漬を庇護しなくてもよいことになり、うん、むしろこっちのほうがより適切な比喩と言えるような気がする。

上役としてのカレーは下役としての福神漬をいじめてもよいことになりパワハラ問題も発生する。

いや、今回はカレー粉と福神漬が組んでカレー本体を追放したのであるから逆パワハラということになる。

まさに下克上。

世の中乱れに乱れております。

何でもありの世の中であります。

この問題は会社のスキャンダルとして取り上げられて、カレーも福神漬も会社を辞めなければならなくなる。

と、ここまで話は順調に無理なく進んできたが、よく考えてみると〝カレーと福神漬が会社を辞める〟ということは、具体的にどういう事態を想像すればいいのか。

◉さつま芋かく語りき

テーブルの上に二種類のさつま芋が載っています。

片方は八百屋の店頭に並んでいるあのさつま芋。

さつま芋本人。

もう片っぽうはさつま芋で作ったケーキ。

さつま芋本人のほうは裸でゴロリだが、ケーキのほうは箱に入っている。

こじゃれた小箱で、小箱のまん中あたりを金色の糸で編んだ紐でわざとらしく大きく結んである。

その中にケーキとしてお入りになっておられるらしい。

さっき、箱の中をのぞいて見たところ、小判型の焼き菓子で、それがギザギザが付いていて銀色に光るアルミのカップに収まっている。

要約すると、ケーキのほうはこじゃれた小箱とわざとらしい結び目と銀色に光るカップに包まれているのに対し、もう片方は裸でゴロリ。

天はさつま芋の上にさつま芋を作らず、のはずではなかったのか。

博愛の精神はどこへ行ったのか。

片っぽうには金の帯《おび》。

もう片っぽうは一糸まとわぬ丸裸。

さつま芋には男女の区別はないが、もしあったらどうするつもりだ。

せめて下の物だけでも身につけてやれなかったのか。

だが、よく考えてみると、下の物を身につけるといっても、どのあたりがそのあたりに該当してどのあたりに穿かせればよいのか、それがわからないので致し方ない面もあることはあるのだが、それにしても何とかしてやれなかったものなのか。

このように、今でこそ大きな身分の差があるが、元を正せば同じさつま芋であることに変わりはない。

同じヒルガオ科サツマイモ属。

世間から見れば両者とも地方出身者（茨城・鹿児島が主産地）であり同じ地下出身者でもある。

地下生活を供にした仲間である。

なのに片方はいまだにさつま芋であるのに対しもう片方は箱入り娘。

ケーキのほうの箱の中に説明書が入っている。

それによると、このケーキは「京銘菓」であり、その銘菓の名前は「爺喜《やき》いも」であり、店の名前が「笹屋湖月」、どんどん物々しくなっていく。

「主人敬白」にはこうある。

「本品はさつま芋を焼きいもに仕上げてからその中身だけくり抜き、ミルクと蜂蜜・砂糖・水飴を加えて炊き上げ、外側に卵黄を塗って仕上げてあります」

まさに蝶よ花よのお姫様待遇。

その横に、くどいようだが丸裸の芋がゴロリ。

芋は時には芋にいちゃんであり、時には芋ねえちゃんであることは周知の事実である。

裸のゴロリは不憫は不憫であるが、艶《なまめ》かしいといえば艶かしくないこともない。

芋にいちゃんがゴロリでは何の色気もないが、この芋が芋ねえちゃんだと思えば、なにしろ身に何もつけていないのであるから、たとえさつま芋であってもそれなりの受けとり方をしても致し方ないのではないか。

それにしてもこの格差。

丸裸でゴロリと放り出される芋もあれば箱入り娘として扱われる芋もある。

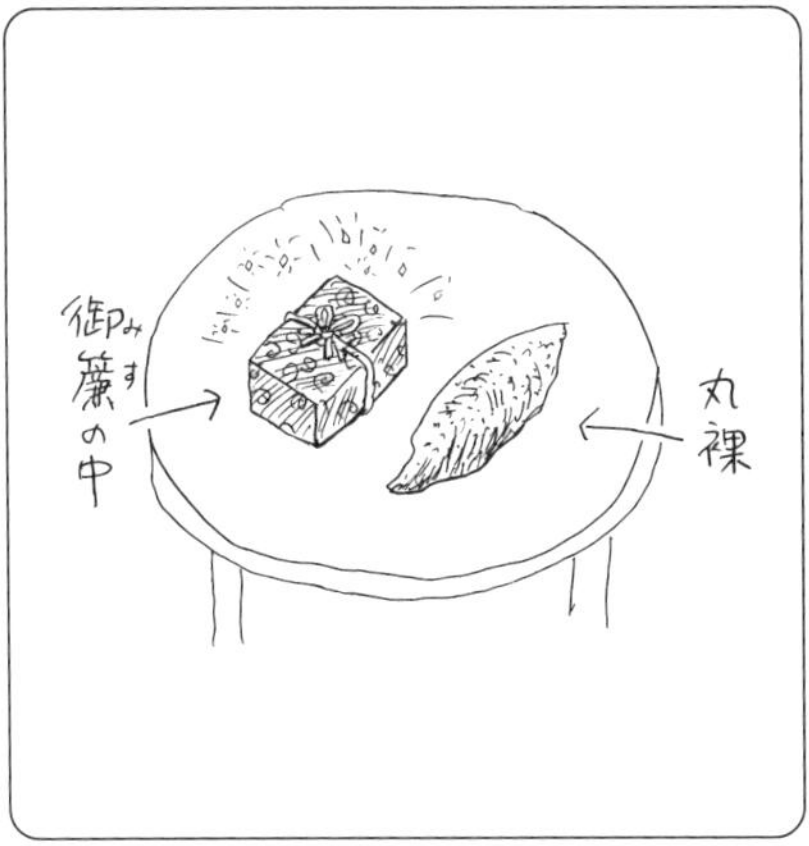

最近、親ガチャという言葉が流行っているようだが、こういうのは何ガチャというのだろう。

スイーツということでシェフが係《かかわ》ってきて生まれたわけだからシェフガチャ？

何の格差もないはずの芋と芋の間がガチャガチャになったわけだから「ガチャ　ガチャ」？

今から50年ほど前までは、さつま芋は常にさつま芋で、いつだってさつま芋はさつま芋の姿で世間の人と渡り合ってきた。

さつま芋のレシピというものはなかった。

さつま芋の形をしたさつま芋を手で握って齧って食べていた。

食べ方としては焼き芋、ふかし芋、壺焼き芋、というのもあった。

いずれにしてもさつま芋としての原型をどこかに残していた。

さつま芋は常にアツアツで、ホクホクで、ハフハフであった。

さつま芋が冷たかった、という記憶はほとんどない。

芋羊羹だけが冷たいさつま芋だった。

いま「さつまいものレシピ一覧305品」などというものがある。

305品！

隔世の感、頭の中に鳴り響いて止《や》まず。

かつてさつま芋は嫌われていたのだ。

終戦直後の時代、さつま芋は代用食の代表だった。

「代用食？　何それ？」

ということになるが、当時日本はひどい食糧難でお米が超不足だったので国民はお米の代わりにさつま芋を食べていた。

このさつま芋がまずい品種だった。おそろしくまずかったがみんな我慢して食べていた。

サザエさんの漫画にも、さつま芋の天ぷらが食卓に出てきて、

「なんださつま芋か」

と波平が怒るシーンがある。
あの時代から70年。
さつま芋はスイーツになった。
カロリーも比較的に少ないということでダイエット食ということにもなった。
甘くておいしいということで人気になりメニューも305品ということになった。
変わる変わるよ、時代は変わる。
いま、テーブルの上に二種類のさつま芋が載っている。
それをいま、じっと見ている。
裸のほうが昔のさつま芋。
こじゃれた小箱に入っているほうが現在のさつま芋。

◉羊羹の丸かじり

ついにやりました、積年の悲願「羊羹の丸かじり」。

この連載は別名「丸かじりシリーズ」なので、いつかはこれをやらなければ、と、ずうっと思っていた。

焼き芋やとうもろこしならいざ知らず、事もあろうに羊羹を丸かじりする。

究極の丸かじり、というか、丸かじりの究極というか、神をも恐れぬこの所業、人間として許されることなのか。

ちょっと想像してみてくださいい、羊羹を実際に丸かじりするところを。

丸ごと一本、大きくて長いのを手に持つ。

ずっしりと重い、はず。

先端の包装を毟《むし》り取る。

先端露出。

大口を開ける。

かぶりつく。

いま銜《くわ》えているわけです、長い羊羹を、口一杯に、ノドの奥まで。

次にそいつを齧《かじ》るわけです、歯で、ずずーっと、下のほうに。

われわれは普段羊羹をどんなふうに食べているでしょうか。

板状に切って食べる。

せいぜい2センチ、びくびくしながら頑張って3センチ、その羊羹を、無制限、と言っては言い過ぎだが、思う存分、心ゆくまで口の奥まで押し込んでいくわけで、その押し込んだ長さが、通常、世間一般で言われているところの「羊羹の厚み」ということになる。

そのときの口の中の羊羹はもはや一切れではなく一塊という塊。

なぜこのような大それたことを挙行するに至ったのか。

2022年の干支を思い起こしてください。

寅年。

寅は虎であり、虎は虎屋であり、虎屋は羊羹。

時こそ来たれり盲亀の浮木、待てば海路の日和あり、羊羹丸かじり挙行に何の支障がありましょうか。

人類の快挙、地球人の誇りとでも言うべき羊羹の丸かじり。

しかも今回のこの快挙に用意したのが虎屋の羊羹の最高峰「夜の梅」3024円(税込)。

日本人で、虎屋の羊羹「夜の梅」3024円(税込)を丸かじりした人はいたでしょうか。

日本人にいないということになれば世界にもいないということになり、前人未踏、世紀の偉業ということになってギネスも黙っているわけにはいかなくなる。

堀江謙一氏のヨットによる太平洋横断は太平洋上で行われたが、この偉業は家屋内で行われる。

最近は焚き火ひとつするにも消防署に届け出が必要だが、この丸かじりはどの役所に届けることになるのか。

今、目の前に3024円(税込、しつこい?)で買ってきた「夜の梅」があります。

例の竹の皮の包装の上と下とまん中を金色の紐でくくってある。
包みのサイズ長さ25センチ、横幅6センチ、奥行き（厚さ）4センチ。
手に持つ。
ずっしり、どころか、どっしり重い。
先端の部分の包装紙（二重）をわざと乱暴に引き毟る。

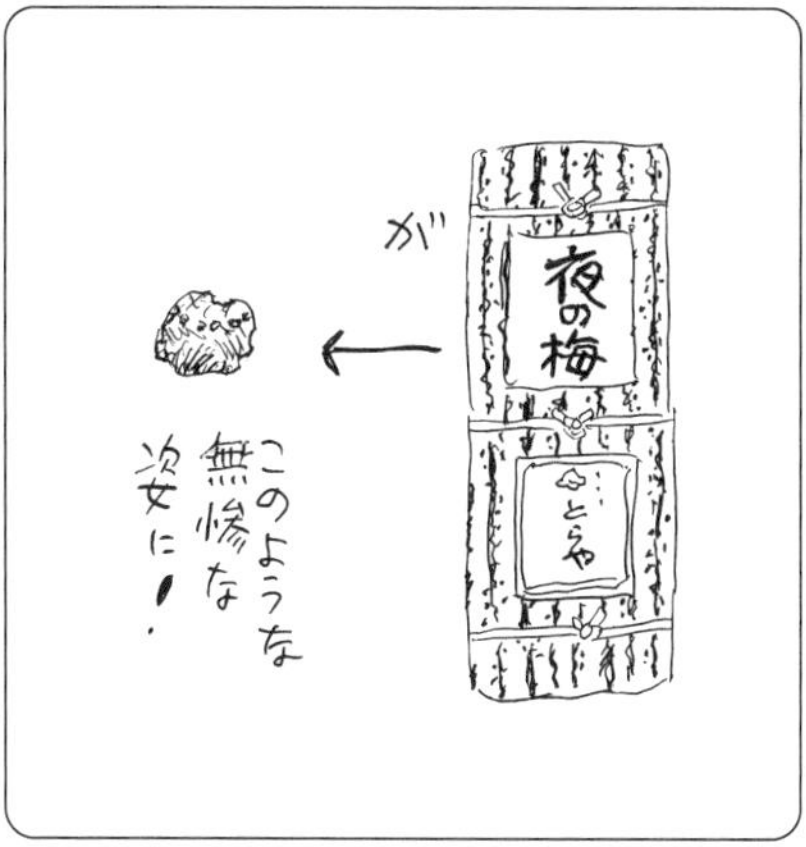

高貴なものに対する怯《おび》えが乱暴を招いたのでしょうか。

羊羹本体のタテヨコは4センチ×6センチ、総面積24平方センチ。

ぼくの口は大きいほうなのだが総面積24平方センチはやっと。

何とか銜えました。

ずんずん奥へ押し込む。

押し込んだのち、口から出して計ってみたらその奥行き5・1センチ。

しかし、このものはすでに一つの塊になっていて、どこがタテでどこがヨコ幅でどこが厚さなのかわからない。

はっきり歯型がついているし凸凹はあるし、もはや

「夜の梅」の面影はどこにもない。

その塊を再び口の中へ。

今、噛んでます。

上の歯と下の歯が、今、ずずーっと奥行き5・1センチの羊羹の中を進んでいってます、嗚呼、ズズー、厳かにズズー、嗚呼、快感。

第一次の分断が行われ、第二次、第三次と進んでいってさしもの塊も次第に小さな塊に分断されていき、最終的には大豆粒ほどの大きさになるのだが、その小さな一粒一粒が虎屋の羊羹であることを止《や》めない。

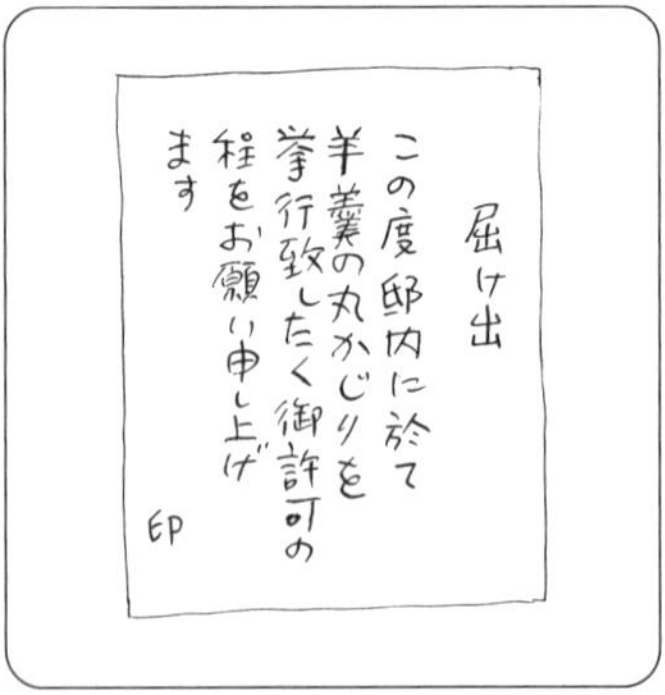

届け出
この度邸内に於て羊羹の丸かじりを挙行致したく御許可の程をお願い申し上げます
印

虎屋プライド、伝統を誇る虎屋の矜持がその一粒一粒に込められていて、たとえこうした逆境にあってもその精神は失われないのだ。

口中は喜びに沸いていた。

今、口の中で起きている出来事のすべてがこれまで一度も経験したことのない快事ばかりである。

館内割れんばかり、という表現があるが、口内割れんばかり。

歯は喜び互いを打ち鳴らし、舌は歓喜で丸くなる。

まるで初雪を喜ぶ犬と猫のような騒ぎになっている。

歯はめり込むときの喜びを語る。

「まずね、歯の先が、こうね、羊羹の表面に当たるわけです」

身ぶりが入る。

「その感触が何ともいえない。ホラ、予感があるわけじゃないですか、この羊羹はこのぐらい厚いぞ、という」

手ぶりも入る。

「そのあと、めり込んでゆくわけ、羊羹の内部へ、静々と」

舌も喜びを語る。

「ニチャニチャがたまりません。どうしても捏《こ》ねちゃいますね、舌の先で」

歯茎だって負けていない。

「押しつけてくるんですよね、舌が、強引に。その擦《こす》れぐあいが何ともはや」

頬っぺたも一言。

「落ちないように頑張るだけです」

◉またしても丸齧り

毎年、お正月の三が日を過ぎるころになると気になってくることがある。

暮れから正月にかけて、デパ地下、スーパーは、あたり一面正月用品だらけ、見渡すかぎりカマボコ、伊達巻、数の子、きんとん、酢ダコ、黒豆、ゴマメの列。

とにかく、それまで並んでいた全商品を取っぱらっておせち一色となる。

全国のデパ地下、スーパーがこれだから、その物量たるや想像を絶する。

その想像を絶する量の正月用品が、年が明けると全国いっせいに姿を消す。

もはや影も形もない。

いったいどこに消えたのか。

考えられるのはゴミ焼却場での焼却処分。

あるいは豚の餌。

この大量焼却問題はおせち関係だけではない。

節分の恵方巻問題。

毎年、節分の当日は、デパート、スーパー、コンビニに至るまで店頭に恵方巻を山のように積

み上げ、店員が声をからして売ることになっている。

これまた全国規模。

２０１９年は、廃棄された恵方巻は全国で10億円分以上だったという。

10億円の札束を燃やすのと同じ？

ウーム、おせち売れ残り問題も、恵方巻売れ残り問題もそろそろ何とかせにゃいかんな、と考え始めたところへ、申しわけないことではあるがこの問題は更にもう一つある。

Xマスケーキ問題。

これまた、またしても同

じょうなことを書くことになるが、イブの当日は、全国のデパ地下、スーパー、コンビニに至るまで店頭にケーキの箱を山のように積み上げ、店員が声をからして売る。

そしてXマスが終わると、全国いっせいに忽然と姿を消す。

何とかならないのか、この問題は。

そこでぼくは考えました。

解決策です。

正月のおせち問題。

節分の恵方巻問題。

Xマスのケーキ問題。

あるのです、ちゃーんと。

しかも実に簡単な解決法。

投げ売りです。

ナーンダ、と思ったでしょう。

だがこの投げ売りはただの投げ売りじゃない。

全商品半額、なんてケチくさいことは言わない、全商品１００円、たとえば伊達巻一本、恵方巻一本、Xマスケーキ一個、ぜーんぶ１００円、と言いたいところだが、男は度胸、女は愛嬌、どれもこれもぜーんぶ50円、と言いたいところだが、どーだ、40円、持ってけドロボー、という商法で売る。

たとえ40円であっても、焼却場で燃やすよりマシなのではないか。

たとえば恵方巻で考えると10億円の損失だったわけだが、それが9億円の損失で済むことになるのではないか（かなり大ざっぱな計算によるが）。

とにかく何でもかんでも40円。

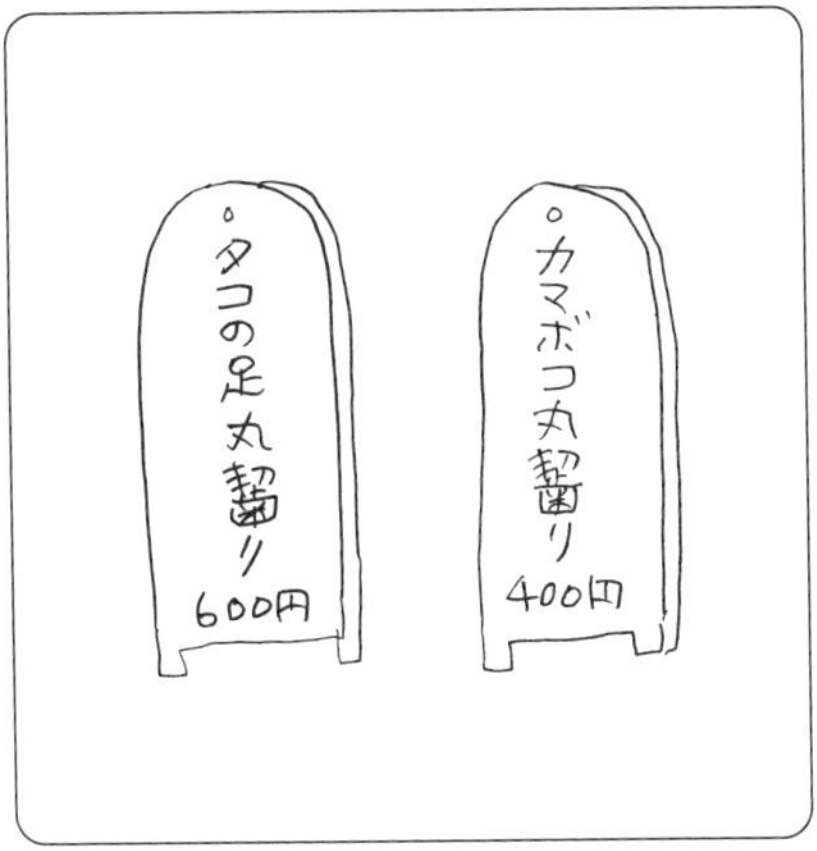

。カマボコ丸齧り
400円
。タコの足丸齧り
600円

直径30センチほどのXマスケーキが40円。

高級カマボコも40円。

こうなってくると買った人の扱いもぞんざいになる。

カマボコは板からベリベリ剝がし、それを手に持って丸齧りということになる。

もちろん恵方巻も手に持って丸齧り……あ、もともとそうだっけ。

Xマスケーキの場合はどうなるか。

しゃもじ食いというのはどうか。

ケーキをおしゃもじでしゃくって食べる。

Xマスケーキのどまん中におしゃもじを突っ込む。

そのままほじってすくい上げる。

倒れるサンタクロース、崩れ落ちる煙突付きの家。

それらは食べられないので避けて、おしゃもじの上に山盛りになっているケーキを大口開けて口一杯に頬張る。

ウゴウゴ、おいしいだろーなー。たまらないだろーなー。

それもこれも、40円だと思えばこそ。

やがて全国民にこの食べ方が広まり、全国民がXマスケーキが売れ残ることを待ち望むようになり、Xマスケーキは売れても売れなくてもよいことになって業者も消費者もめでたしめでたしということになる。

カマボコのベリベリ剝がし食いのときに発見したのだが（実際にやりました）、いつもと違う食べ方をすると、いつもと違う別のおいしさになる、ということがわかった。

カマボコは、ふつう、板状に切って食べる。

それに慣れきっているので〝板状の味〟として認識していて、板状の味を味わっていることになる。

そこへ突然、丸齧ったカタマリの味。表面ゴツゴツ。

これが新鮮、これが驚き、これがいつもとまったく違う味。

今度、ぜひ一度、カマボコを手でベリベリ剝がして丸齧りしてみてください。

そのうち居酒屋にも「カマボコ丸齧り」というメニューが登場するはず。

寿司屋のメニューにも「タコの足一本丸齧り」というメニューが登場する。

と同時に、

「海苔巻一本丸齧り」というメニューも登場する。

これは大抵の人がすでに恵方巻で経験していて、そのおいしさと面白さがわかっているので大いにウケるはず。

最近、いろんなものを丸齧りしたくてウズウズしている。

丸齧り中毒かもしれない。

いま狙っているのが大根一本丸齧り。

大根の横っ腹に齧り付く。

やったらご報告します。

え？　報告しなくていい？

◉「餅はけったい」

餅はけったいな食べ物である。

ということに、この正月気がついた。

これまで全然気がつかなかった。

餅は目出たい物である、と、ばかり思っていた。

けったい、というのは、関西弁で言うところの、奇妙な、とか、怪しい、とか、変な、とかそういう意味です。

けったい其の一。

伸びる。餅は引っぱると伸びる。

誰もがよくやるのが、片端を口にくわえて引っぱる。

そうするとビローンと伸びる。10センチぐらいは伸びる。伸びて垂れ下がる。

頑張れば12センチぐらいは伸びる。

伸びるとなぜか嬉しい。

嬉しくなって人に自慢したくなる。

そこで、「見て、見て！ホラ、こんなに」と見せびらかす。
ここまでの経過を冷静に考えてみることにします。
餅はもともと引っぱれば伸びるに決まっています。
伸びたからといって人に自慢するようなことでしょうか。
ついでにこのときの光景を想像してみましょう。
このとき、この人はビローンと伸びて垂れ下がった餅を口にくわえています。
そして、そのくわえてビローンと伸びてる状態を確認すべく下目づかいになっています。

いい年をした大人《おとな》がやることでしょうか。

驚くのは次に述べる展開です。

ビローンと伸びた餅をくわえて下目づかいになって「見て見て」と言っているその人に対して、「ワー！　伸びてる、伸びてる！」と周《まわ》りが一斉に誉め称える。

称讃する。

中には手まで叩く人さえいる。

これすべて餅だからこその技《わざ》ということになる。

まことにけったい。

けったい其の二。

餅は神様に供《そな》える。

鏡餅として供えることが多い。

神様に供える飲食物を神饌《しんせん》という。

稲、米、酒、鳥獣、魚介、蔬菜《そさい》、塩、水などがそれにあたる。

魚介は、鯛、するめ、鮑など。

ここで気がつくのは、それらのほとんどが生《なま》、もしくは干した物であるということ。

その中で唯一、加熱を経ているのが餅。

その餅はどうやってつくるか。

蒸した米をペッタン、ペッタン搗《つ》いてつくる。

搗くの「つく」は「ど突く」の「つく」で（このへん強引）、「米をど突く」ことによって出来たのが餅ということになる。

いいのか、神様に供える物をど突いたりして。

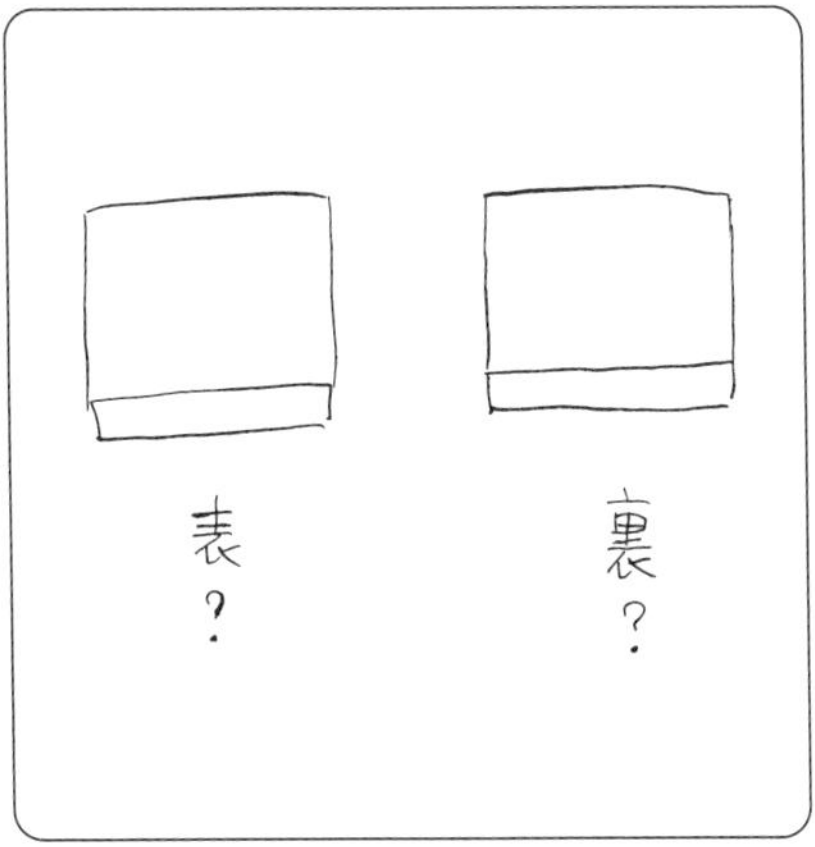

しかも一度や二度ではなく、何回も何回もしつこくど突いて、しかもそれを今度はしつこく捏ねまわし、いじめぬく。

いやいや、あれはど突いているのではなく、ああやって、うんと柔らかくして消化しやすくしているわけです。

ホラ、神様は年寄りが多いのでどうしても胃腸が弱っているわけ、そのあたりを慮《おもんぱか》ってよく搗いているわけです、と、反論する向きもあるかもしれない。

すると何か？　いまなんかヘンなことを言ったな。

神様は年寄りが多い？

何か根拠があるのか。

若い神様だっているかもしれないじゃないか。

よく調べてみたら、若い神様のほうが多いってこともあるかもしれないじゃないか。

ということになって話がどんどんけったいになっていく。

けったい其の三。

迂闊であった。

このトシになるまでそのことに気がつかなかった。

餅には裏表《うらおもて》がない。

コンニャクに裏表がないということは有名である。

一見、裏も表もないように見える海苔にも実はちゃんと裏表があって、その見分け方もわかっている、ということもまた有名である。

魚はどうか。

海の中を泳いでいるサンマやイワシに裏表はあるのか。

ヒラメやカレイの場合は歴然としているがウナギやアナゴの裏表はむずかしくなる。

サンマやイワシには裏表があるということになっている。

魚は皿にのったとき、表になるほうから焼き始める。

そうしないと、後から焼いた側がどうしても汚くなる。

さて、餅。

この先もずっと、「餅は裏表なし」ということでやっていってもいいものなのか。

そろそろこのあたりで決着をつけておくべきではないのか。

それには何らかの根拠が必要になってくる。

そこで一切れの餅を引っくり返し、また引っくり返してようく見たのだが、どう見ても裏も表もそっくり。瓜二つ。

サンマ、イワシ方式で考えようとしたが雑煮に入れてしまえばもはや上も下もない。

焼いてしまえば、なにしろ餅は何回も何回も引っくり返しながら焼くのでもはや上も下もわからなくなっている。

万事休す。

もちろん、この先もずっと、これまでどおり、

「餅は裏表なし」

でやっていっても、何か問題が起こる、とか、弊害がある、とかいうことはない。

しかし、と、腕組みしながら考える。

何とかならないものなのか。

そう考えさせる何かが餅にはあるのだ。

けったいな奴。

◉恵方巻を改革する

またしても恵方巻の季節。

この新入りの習慣《ならわし》、だんだん馴染んできたような、だんだん飽きつつあるような微妙な段階にある。

節分に恵方巻を食べるという習慣、実際にやってみると不合理な点が次々に見つかる。

恵方を向いて食べるというが、もし恵方を間違えて、たとえば今年の恵方は北北西なのに東南東を向いて食べたらどうなるのか。

バチが当たるのか。

神様は国民の全員がちゃんと北北西を向いて食べているかどうか一人一人確認しているのか。

神様ってそんなにヒマなのか。

節分になぜ太巻の寿司なのか。

細巻じゃダメなのか。

神様がそう言ってるのか、細巻はあかんよ、と。

ちゃんと訊いたのか、神様に。

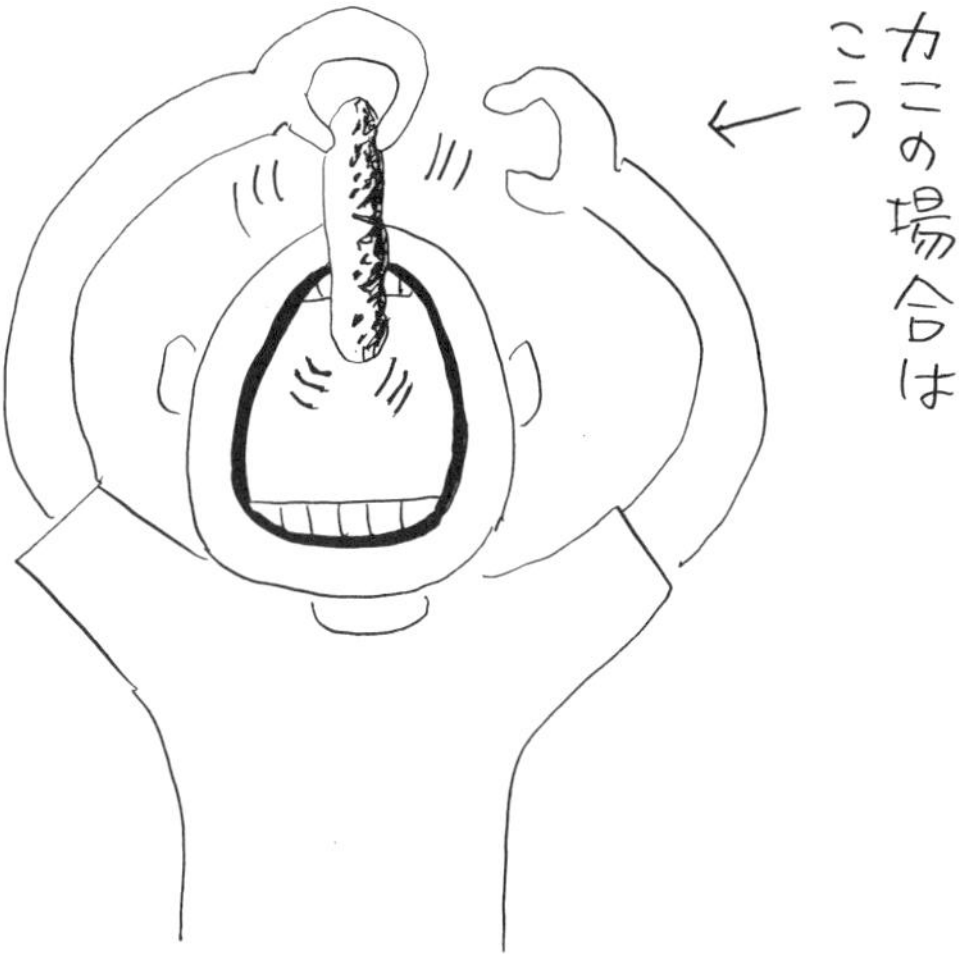

太巻にジカにかぶりつくというのは無作法きわまりない食べ方である。

あられもないし、みっともないし、日常生活ではありえない食べ方である。

節分の日に限ってそういう乱暴な食べ方をする。

ということは、神様にわざと当て付けている、ということにならないか。

いいのか、それで。

神様は敬《うやま》うものであり、尊敬して崇《あが》め奉るものである。

神主は神様に向かって何か言うときは、

「かしこみかしこみ敬って申す」

と言ってから用件を申し述べることになっている。

そのぐらいみんなが恐れおののく存在なのだ。

だから神様に向かって、まず、

「かしこみかしこみ敬って申す」

と言ったあと、

「細巻ではダメなのでしょうか」

と、お伺いを立てるべきだったのだ。

そうすれば神様だって、

「オレそんなこと言ってないよ」とか、「ああ、細巻でもかまわんよ」とかの返事がもらえたはずなのだ。

こういう意見に対して、もちろん様々な反論はあると思う。

「神様が自分のことをオレなんて言うはずがない」

とか、

「神様はワシじゃないのか」

「拙者じゃないの」

「神様は田舎の出身が多いからむしろオイラじゃないの」

ということになり、

「神様は田舎出身というのは何か根拠があるのか」

ということになって事態が紛糾して取り返しがつかないことになる。

ここで冷静になりましょう。

冷静になって「恵方巻が太巻ではなく細巻だったら問題」を考えてみましょう。

　確かに、

「恵方巻は太巻でなければならない」

とは誰も言ってないようだ。

神様もオイラは言ってないと言っているらしいので「細巻だったら説」を真剣に考えてみることにします。

　恵方巻の原則の一つに、

「手で持ってそのままかぶりつく」

というのがある。

細巻といえば誰もがすぐ思いつくのが鉄火巻、干ぴょう巻、納豆巻などだが、これらは手に持ってかぶりつこうとすると先端がどうしてもしなだれる。

ブランブランして食べにくい。

かっぱ巻ならキュウリなのでしなだれない。

じゃあ恵方巻はすなわちかっぱ巻、ということになりかねないじゃないかということになるが、節分はいちおう祭事である。

祭事の海苔巻の具がキュウリだけというのは寂しすぎはしないか。

やはり賑やかでありたい。

しばし黙考。

ありました。垂らし食いです。

かしこみかしこみ
うやまって
たずねるんだけど
よォ

カニ方式。

テレビのグルメ番組でよくやっているのがカニの足の垂らし食い。

殻を剝いてブランブランしているカニの長い足を頭の上に持っていって大口を開けてそこに垂らしこんで食べる。

ブランブランしている細巻の恵方巻を大口開けて垂らしこむ。

これで新恵方巻問題は円満解決。

まてよ。

この食べ方だと「向き」が問題になる。恵方巻は恵方を向いて食べるのが原則。

この食べ方だと体は恵方に向いているが顔はどうか。

顔は上を向いている。

神様側から見ると、体だけこっちを向けていて顔はそっぽを向いているように見える。

ぼくが神様だったら、「目を背《そむ》けている」と見る。

先述の、わざと乱暴な食べ方をして自分に当て付けている問題といい、今回の顔を背けている問題といい、どうもこの人は自分に対して含むところがあるらしい。

反感を持っているらしい。

ということになって、せっかくそれまで（節分以前）良好だった神様と自分の関係が険悪になる。

節分という言葉には季節を分けるという意味があり、立春、立夏、立秋、立冬の前日のすべてを指す。

いずれにしても立つ。

【事物が上方に運動を起こしてはっきりと姿を現す】

目出たくないはずがない。

その目出たかるべき日に、相手にそのような（当て付けとか、目を背ける）態度をとられたら、もし自分が神様だったら、オレとしては面白くないので、とりあえず節分の恵方巻は現状のままでいいことにしておくことにする。

◉ムチャクチャの時代

もう誰もが気がついていると思うが、「メチャメチャ」が、やたらに流行《はや》っている。

特に食べ物関係でしきりに使われる。

食べタレと言われる人が大トロのにぎりを口に入れる。

目を剝く。

「メチャメチャおいしい！」

見ているほうは、そのタレントが大トロのにぎりを口に入れた瞬間から、

「言うぞ、言うぞ」

と思っていると、はたして、

「メチャメチャおいしい！」

バカかこいつは。ほかに言いようがないのか。

おめおめというか、ぬけぬけというか……。

つくづく馬鹿面《づら》、間抜け、恥知らず。

と思って見ていると、同席していた別のタレントが、

「ドレドレ？」

という面持ちでその大トロのにぎりを口に入れ、

「メチャメチャおいしい！」

こいつも同罪だな、と思っていると、その番組の司会者が、そんなにおいしいの、という思い入れで一つつまみ、

「メチャメチャおいしい！」

どいつもこいつも共犯。

もうイヤ、つくづくイヤ。

かつて「どっきりカメラ」という番組が流行ったことがあった。

砂浜に落とし穴を掘っておく。

その上に木の枝やビニールシートなどをかぶせて偽装しておく。

そこに事情を知らない人物を呼び寄せる。

その人は何の疑いもなくその穴に近づいていく。

「落ちるぞ、落ちるぞ」

と見ている人がハラハラしていると、はたして見事にその穴に落っこちる。

あれとおんなじ。

違っているところは、穴に落ちた人は大あわてにあわてるが、メチャメチャの人は言ったあとケロッとしている。

自分が馬鹿面をしていることに気がつかない。

いまや猫も杓子も、老いも若きも、じーさんもばーさんも口を揃えて見境なく「メチャメチャ」に次ぐ「メチャメチャ」。

つい先日、テレビで相撲を見ていたら、大鵬の孫の王鵬が幕内初勝利のインタビューで、「メチャクチャ緊張しました」と答えていた。

髷《まげ》を結った古式ゆかしい力士であるから「メチャクチャ」は似合わないと思った。せめて、「ものすごく緊張したでごんす」と言ってほしかった（ごんすも似合わないか）。

それにしても、なぜこんなに「メチャメチャ」が流行りだしたのか。

ここで思い出すのが「チョー」である。

「チョーの時代」があった。

「チョーむかつく」

「チョーかわいい」

「チョーおいしい」

何にでも「チョー」をつけた時代があった。

世の中
メチャクチャで
ごじゃりまするがな
この人は
アチャコさんでは
ありません

「チョー」は「超」からきたもので「程度を超えて」という意味で使われた。

メチャメチャを辞書で引くと、

【程度や道理がひどく乱れて統一がとれないさま】とあって、結局のところ、物事の道理を超えているという意味になる（このへん強引）。

そうだったのだ。

「メチャメチャ」は「チョー」だったのだ。

「チョー」は「メチャメチャ」だったのだ。

「チョー」が形を変えて再び世に現れたのだ。

チョーだったのか！

チョーいうことだったのだ。

ここでコロナの時代を考えてみる。
コロナの時代はどういう時代か。
コロナの時代はどう考えても普通の時代ではない。
いま、われわれは普通の生活をしていない。
人類は太古よりこれまで、群れて生活してきた。
多くの猛々しい動物の中で無力な人類は外敵から自分を守るために群れて対抗した。
群れていれば少しは安心できた。

コロナ以前はあちこちで屋外コンサートが盛んに行われた。
屋外ロックフェスティバルでは何万、何十万という人々が集まって熱狂した。
何万という人々がペンライトを打ち振って絶叫した。
あの絶叫は安心の叫びだったのだ。
だからこそ人々は祭りにこぞって参加する。
みんな集まりたいのだ。
集まって安心したいのだ。
なのにコロナの時代は「集まるな」と厳命される。
叫ぶな、とも言われる。

ソーシャルディスタンスとかを命じられ、たとえ集まったとしても距離をとれと言われる。

距離をとったとたん、人々の顔が虚《うつ》ろになる。

テレビの座談会の画面を見ると、人と人との間を大きなアクリル板で遮断している。

遮断された人々の顔からすでに生気が失われている。

みんな寂しそうな顔になっている。

いま、みんな寂しいのだ。

マスクをした人の目もまた焦点が定まらない。

失われた時代というのが中世にあった。

まさにいま、世界中が「失われた時代」になっている。

いまの人は誰も知らないと思うが、昭和の初期に花菱アチャコという人がいた。

いまでいうお笑い芸人で一世を風靡した。

そのときの彼の決めゼリフが何と、

「ムチャクチャでごじゃりまするがな」

歴史はくり返す……のか。

〈初出〉「週刊朝日」２０２０年12月４日～２０２２年２月11日号（「あれも食いたいこれも食いたい」）。

本文中の価格、名称、肩書などは掲載時のものです。商品の中には販売終了になったものもあります。

東海林さだお（しょうじ・さだお）
1937年東京都生まれ。漫画家、エッセイスト。早稲田大学露文科中退。70年『タンマ君』『新漫画文学全集』で文藝春秋漫画賞、95年『ブタの丸かじり』で講談社エッセイ賞、97年菊池寛賞受賞。2000年紫綬褒章受章。01年『アサッテ君』で日本漫画家協会賞大賞受賞。11年旭日小綬章受章。

丼《どんぶり》めしの丸《まる》かじり

2023年7月30日　第1刷発行

著　　者　東海林さだお
発 行 者　宇都宮健太朗
発 行 所　朝日新聞出版
〒104-8011　東京都中央区築地5-3-2
電話　03-5541-8832（編集）
　　　03-5540-7793（販売）

印刷製本　凸版印刷株式会社

Ⓒ 2023 Sadao Shoji
Published in Japan by Asahi Shimbun Publications Inc.
ISBN978-4-02-251912-2
※定価はカバーに表示してあります。

本書の無断複製（コピー）は著作権法上での例外を除き禁じられています。

落丁・乱丁の場合は弊社業務部（電話03-5540-7800）へご連絡ください。送料弊社負担にてお取り替えいたします。